RE_FORM CHURCH
변혁을 이끄는 미국의 선교적 교회들

변혁을 이끄는 미국의 선교적 교회들

이상훈 지음

추천사
저자 서문

모델 1
크리스천 어셈블리 Christian Assembly 15

모델 2
모자이크교회 MOSAIC 35

모델 3
퀘스트교회 Quest Church 59

모델 4
드림센터 Dream Center 79

모델 5
오스틴 스톤 커뮤니티교회 Austin Stone Community Church 97

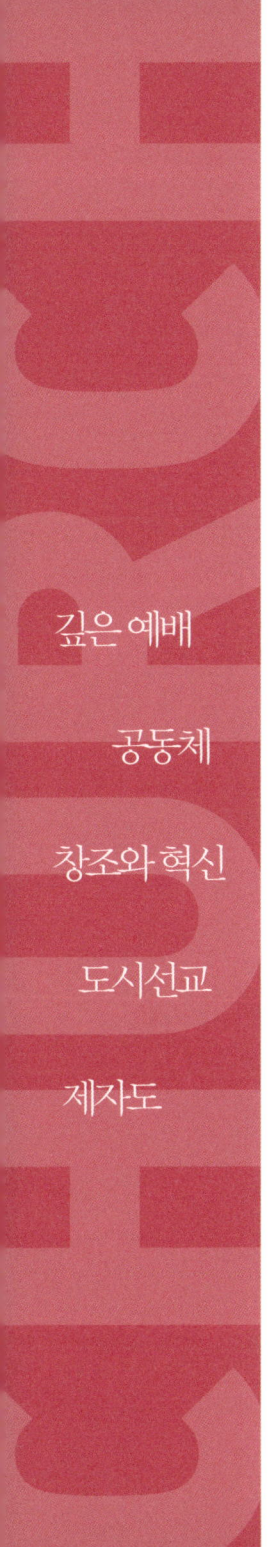

모델 6
리얼리티 LA교회 Reality LA in Hollywood **119**

모델 7
소마 공동체 SOMA Community **137**

모델 8
락하버교회 Rock Harbor Church **157**

모델 9
LA 뉴시티교회 New City Church of LA **179**

모델 10
뉴송교회 Newsong Church **199**

결론

추천사
ReForm

『Re_Form Church』에는 선교적 교회의 다양한 모습과 사역 모델이 기록되어 있습니다. 그러나 여기에는 성공적 사역을 위한 테크닉과 방법이 담겨 있지 않습니다. 오히려 본질을 붙잡고 씨름하는 교회 공동체의 땀과 노력 속에 일하시는 하나님의 섭리가 기록되어 있습니다. 우리는 이 책에서 교회 공동체가 자신에게 주어진 독특한 사명을 발견할 때, 더욱 다양하고 창조적인 모습으로 하나님의 선교 missio dei 에 동참할 수 있음을 배우게 됩니다.

또한 본 저서에는 교회가 새로워지는 원리가 담겨 있습니다. 그것은 앞서 행하시는 하나님으로부터 시작됩니다. 우리의 본분은 하나님의 뜻을 분별하고 그것에 순종하는 백성이 되는 것입니다. 거기에 지도자의 숙명이 있습니다. 먼저 일어나 잠재되어 있는 성도들의 선교 의식을 흔들어 깨워야 합니다. 그런 맥락에서 본 저서는 식어진 가슴을 뜨겁게 하고 정지된 열정을 새롭게 만드는 도전을 줄 것입니다.

부디 본 저서가 많은 사람들의 손에 붙잡혀 읽히기를 바랍니다. 그로 인해 우리의 사역이 위험을 감수하며 지속적인 실험과 모험을 감행하는 현장이 되기를 원합니다.

끝으로 현장을 다니며 귀한 연구를 통해 한국의 독자들에게 미국 교회의 흐름과 변화를 전하기 위해 애쓰신 이상훈 교수님께 감사를 드립니다. 그 노고의 열매가 한국 교회를 깨우고 변화의 새로운 활력이 될 수 있기를 진심으로 기도합니다.

분당우리교회 담임목사_이찬수

Church

"예수 그리스도는 어제나 오늘이나 영원히 동일하시다." 이는 그리스도인들의 공통된 고백이며 신앙의 뿌리이다. 그러나 이 원리를 그대로 교회에 적용하면 문제가 된다. 교회는 그리스도의 몸으로서 세상 속에서 일해야 한다. 따라서 교회는 항상 지역적 local 이며 상황적 contextual 이어야 한다. 즉 교회는 세워진 지역의 언어로 말하고, 그 지역의 문화와 형식 안에서 예배하며 신앙을 고백해야 한다. 그런 의미에서 본 저서는 포스트 모던 시대의 교회가 어떻게 새로운 문화와 연계하여 세상을 섬길 수 있는지에 대한 빛을 던져준다. 사실 현세대는 하나님에 대한 깊은 갈망을 가지고 있다. 다만 그들은 조부모나 부모 세대의 모습이 아닌 자기 세대의 문화적 특성 안에서 새롭고 신선한 방식으로 예배하기 원한다.

이 책에 소개된 교회를 통해 독자들은 과거의 연장선상에서의 교회가 아닌 그들과 구별된 새로운 교회들을 만나게 될 것이다. 그들은 이 세대에 복음을 증거하기 위해 위험을 무릅쓰고, 효과적이며 담대한 사역을 감당하는 교회들이다. 그들은 교회의 주인이신 주님께서 자신의 백성을 지속적으로 세상으로 보내고 계심을 깨닫고 지역과 문화 속으로 들어가기 위해 준비하고 노력한다. 이 시대의 선교적 교회 Missional Church 로서 복음에 헌신되어 있는 것이다.

결론적으로 수년간의 연구를 통해 이상훈 박사는 '복음'으로 다음 세대를 변화시키기 위해 헌신되어 있는 새로운 세대의 교회들을 독자들에게 효과적으로 소개하고 있다. 『Re_Form Church』가 한국의 독자들에게 새로운 통찰과 변화의 활력을 주기를 바란다.

Senior Professor, School of Intercultural Studies, Fuller Theololgical Seminary

Wilbert R. Shenk

추천사
ReForm

●

한국 교계에서도 선교적 교회에 대한 논의가 활발하게 진행되고 있는 이때에 맞춰 귀하고 꼭 필요한 책이 출간되어 기쁘게 생각합니다. 이제 한국 교회도 논의를 넘어 실행의 단계로 넘어가야 할 때가 되었고, 이미 다양한 시도를 하고 있는 한국의 선교적 교회에게는 방향설정이 필요할 때입니다. 비전을 넘어 핵심가치로, 구호를 넘어 실천적 삶으로 나아가야 할 한국 교회에 많은 영감을 줄 책이 되리라 확신합니다. 부디 선교적 교회를 꿈꾸는 많은 사역자들의 좋은 친구가 되기를 기도합니다.

이름없는교회 담임목사, 한국어깨동무사역원 대표 _윤은성

●

본서는 사랑하는 한국 교회를 향한 이상훈 교수님의 정성스런 선물이다. 탁월하고 신중한 교회 선정에서부터 개 교회의 신학, 예배, 비전, 프로그램과 심지어 건물과 장식에 이르기까지 읽는 내내 그의 친절하고 세심한 안내에 감탄하게 된다. 이 책을 덮을 때 책을 통해 배운 것들을 우리 교회에 잘 적용하고 싶다는 마음이 들었다. 난생 처음 '하고 싶은 숙제'를 만난 느낌이다.

얼바인 온누리 교회 담당목사 _권혁빈

Church

저자의 깊이 있는 관찰과 연구를 통해서 평소에 가보고 싶었던 10개 교회들을 입체적으로 자세하게 들여다볼 수 있는 기회를 누렸다. 글을 읽으면서 그들을 이토록 아름답고 멋진 교회로 만든 요인들에 감탄하며 밑줄을 그어야만 했다. 독자들은 본서에 기록된 교회들을 더 깊이 알아보는 것만으로도 이 시대에 걸맞는 교회 부흥의 원리를 배울 수 있을 것이다.

풀러선교대학원 한국학부 교수_이광길

저자 서문
ReForm

『Re_form Church』는 이중적 의미를 가지고 있다. 그안에는 변화하는 시대에 맞는 창조적이고 혁신적 교회가 되어야 한다는 의미도 있고, 근본적인 차원에서 본질에 기초한 성경적 교회로 회복되자는 뜻도 포함되어 있다.

진정한 발전은 언제나 성경적 본질과 신학적 진리 위에서 지속적인 개혁(reforming)과 형성(forming)의 과정을 거친다. 처음에는 역동성을 가지고 시작된 운동도 변화와 도전을 만나면 쇠락하기 마련이다. 그때마다 요구되는 것이 개혁과 재형성의 과정이다. 이런 면에서 오늘날의 교회는 선교적 회심과 창조적 개혁이 필요한 시점에 서 있다.

필자가 미국 교회를 연구하게 된 이유가 바로 이 때문이다. 오랜 전통과 역사를 가진 교단들이 죽어가고 있는 반면 새로운 교회 운동이 발생하고 있다는 소식이 들렸다. 현장이 궁금했다. 어떻게 하면 교회가 새롭게 활력을 얻고 변화될 수 있을까? 전통적인 대형교회부터 소규모의 공동체 교회에 이르기까지 한 달에 두 세 교회를 방문하는 여정이 시작되었는데, 분명 새로운 바람이 불고 있음을 감지할 수 있었다.

교회를 떠난 젊은이들이 다시 교회로 모여드는 현장에는 살아있는 예배와 역동적 사역이 있었다. 그러나 진정 놀라운 것은 단순히 교회를 떠났던

C h u r c h

세대가 다시 교회로 돌아오는 현상 자체가 아니었다. 그들은 예수의 제자가 되기를 원했고, 하나님의 선교에 동참하는 선교적 세대 Jesus' missional generation 가 되길 원했다. 거기에는 모이는 교회에서 흩어지는 교회로, 세상 속에서 in the world 세상과 함께 with the world 세상을 위해 for the world 살아가며 복음을 증거하는 교회로 변화되기 위한 치열한 몸부림과 새롭게 피어오르고 있는 생명력이 있었다.

본 저서에 기록된 내용들은 그러한 여정을 담은 1차 보고서이다. 수년간 교회를 탐방하고 성도들과 지도자들을 면접하고, 각종 자료를 통해 교회를 분석하여 가급적 독자들이 쉽게 읽고 이해할 수 있도록 구성했다. 본 저서에 기록된 이야기가 미국에만 국한된 사례로 남지 않기 위해 필자는 한국 교회를 염두에 두고 이 연구를 진행했음을 밝히고 싶다. 이를 위해 필자는 2번에 걸쳐 한국에 방문해 전국을 돌며 다양한 지도자들을 만나 그들의 사역을 배우고 그들의 사역적 도전과 가능성을 공유하는 시간을 가졌다.

본 연구를 통해 필자가 이야기하고 싶은 핵심은 단순하다. 그것은 미국 교회를 배우자는 것이나 그들의 교회 구조나 사역과 프로그램을 답습하

ReForm

자는 것도 아니다. 핵심은 보이는 외적 형태가 아니라 교회 공동체를 이끄는 정신과 영성의 본질이 어떻게 회중과 공유되고, 진정성 있게 세상 속에서 표현될 수 있는가 하는 점이다. 그것이 바로 선교적 교회 Missional Church 의 여정이다. 한 사람의 비전과 획일화된 사역이 아니라 모두가 공유하며 함께 하나님의 사역에 다양한 모습으로 동참하는 창조적 사역! 그러한 면에서 본 저서가 우리 안에 잠재되어 있는 선교적 상상력 missional imagenation 을 자극하기를 간절히 기대한다.

『Re_form Church』는 10개 교회에 대한 케이스 스터디 Case Study 를 기반으로 했다. 교회 분석은 필자의 전공인 선교학적 관점과 선교적 교회 Missional Church 의 원리에 기초했음도 밝힌다. 그리고 가능한 한 각자의 영역에서 두각을 나타내는 새로운 교회를 모델로 선별하여 제시하고자 했다. 더불어 각 장을 읽으면서 각 교회의 특징뿐만 아니라 그들 사이의 유사성을 발견하는 것도 유익할 것이다. 그러나 어찌됐든 결국은 각기 다른 모습과 환경 속에서 동일하게 일하시는 하나님의 손길을 발견할 수 있을 것이다. 이를 통해 교회는 하나님의 손에 이끌릴 때에만 참된 교회가 될 수 있음을 발견하길 바란다.

Church

　끝으로 본 저서가 나오기까지 격려와 도움을 주신 모든 분들께 감사를 드린다. 부족한 제자를 위해 기꺼이 추천사를 써주신 Wilbert R. Shenk 교수님, 건강한 교회를 세우기 위해 고민하시는 이찬수 목사님, 지속적인 성장을 독려하고 이끌어 주신 박기호 교수님과 이광길 교수님, 한국학부 동료 교수님들과 스텝들, 선교기관 GMR Global Missions Resources 식구들, LA임마누엘선교교회 성도들과 동역자들, 글을 쓰고 책으로 나올 수 있도록 도와주신 교회성장연구소 김형근 본부장님과 이하늘, 이강임 팀장님, 그리고 무엇보다 밤낮 원고에 쫓기며 집안일에 충실하지 못한 남편을 이해하고 격려해 준 사랑하는 아내 유수정과 두 아들 민혁(Justin), 민성(Caleb)에게 사랑의 마음을 담아 고마움을 전하고 싶다.

Re_form church

MODEL 1

크리스천 어셈블리
Christian Assembly

107년의 전통을
이어온 5명의 목사
가족 중심적 가치
아름다운 리더십 이양
그룹 멘토링
전문성과 부르심을 살린
평신도 사역

전통과 가치

크리스천 어셈블리 Christian Assembly

100년을 이어 온 생명의 비밀

모든 조직은 생명주기가 있다. 화려한 빛을 내뿜고 한 시대를 풍미했던 사람이나 조직도 시간이 지나면 힘을 잃고 사라지기 마련이다.

교회도 마찬가지이다. 아쉽게도 수세대 multi-generations 에 걸쳐 영향력 있는 사역을 감당하며 지속적인 성장을 이루는 교회는 극히 드물다. 캘리포니아 이글락 Eagle Rock 에 위치한 크리스천 어셈블리 Christian Assembly 가 특별한 이유가 바로 여기에 있다. 그들은 무려 107년의 역사를 지닌 채 계속 성장하고 있다. 그들은 어떻게 과거에 붙잡히지 않고 미래지향적인 모습을 갖게 되었을까? 그들의 어떤 점이 과거의 유산을 가치 있게 만들고 현 시대에도 적용되게 만들었을까? 그렇다면 과연 우리는 100년 후를 내다

보며 무엇을 준비해야 할 것인가? 오늘도 현재 진행형인 크리스천 어셈블리를 살펴보자.

역사와 유산

교회의 시작은 1906년 로스앤젤레스에서 시작된 아주사부흥운동 Azusa Street Revival Movement [1]과 깊은 연관이 있다. 당시 집회에 참석했던 세 명의 이탈리아 여인은 그 집회에서 깊은 은혜를 받는다. 이후 집으로 돌아온 이들은 이웃들을 초청해 예배를 드리기 시작했다. 그 모임이 발전되어 '이탈리안 크리스천 어셈블리'라는 교회가 되었다. 이름에서 보듯 교회의 처음 구성원은 모두 이탈리아인이었다. 초기 교회의 목회자는 피루 Pirou 였고, 그 뒤를 이어 아널드 베레시 Arnold Belesi가 50년을 섬겼다. 회중에 큰 변화는 없었지만, 2세들이 성장하면서 영어가 주 언어가 되어갔다. 이때 영어 설교를 위해 자주 초빙되던 돈 피케럴 Don Pickerill이 1969년 아널드 목사가 은퇴하자 담임목사직을 계승했다. 돈 목사는 젊은이에 대한 뜨거운 열정을 가지고 그리스도 중심적인 목회를 했다. 그의 리더십에 의해 교회는 점점 더 성장해 갔다. 그러던 어느 날 돈 목사는 한 통의 전화를 받는데, 이탈리아 사람이 아닌데 예배에 참석해도 되는지를 묻는 전화였다. 다음 날 그들은 페인트로 버스에 쓰여진 교회 이름에서 '이탈리안'이라는 단어를 지웠다. 이후 교회의 공식 명칭은 '크리스천 어셈블리'가 되었고, 교회는 이탈리아 사람뿐 아니라 다양한 인종과 사람들이 모이는 공동체가 되었다. 그리고 교회는 성장을 거듭하면서 현재 교회 건물이 위치한 이글락 Eagle Rock 에 자리를 잡게 되었다.

교회가 처음 시작될 때부터 이탈리안 특유의 가족 중심적 가치가 교회의 핵심가치로 여겨져 왔다. 그러나 점차 다양한 인종과 계층의 사람들이 모이면서 교회가 커지자 자연스럽게 교회의 정체성에 대한 고민을 해야만 했다. 즉 어떻게 초기의 정신을 계승해 나갈 것인가를 묻고 그 방안을 찾아야 했다. '어떻게 모든 사람이 교회를 자기 집처럼, 우리 모두를 가족처럼 느끼게 할 수 있을까?' 그들은 진정 교회에 속한 모든 세대와 각기 다른 민족이 융합되어 하나의 공동체가 되기를 원했다. 고민 끝에 그들은 온 성도가 일주일 동안 만나 서로를 온전히 알아가고 교제하는 특별주간을 선포했다. 매일 자신과 다른 인종, 다른 세대의 사람들을 만나 식사를 하고 교제를 나누면서 서로를 알아가는 시간을 가진 것이다. 이러한 노력은 여러 다른 형태의 사역으로 지속되었고, 시간이 지나면서 가족으로서의 교회 정체성을 되찾게 되었다.

예배가 끝나면 성도들은 다른 성도들을 집으로 초대해 식사를 함께 했다. 교회는 그들에게 가족이자 집이었다. 성도들은 주일뿐 아니라 주중에도 집을 개방하여 사람들을 만나고 함께 시간을 보냈다. 교회는 더욱 성장해갔지만, 이 정신만큼은 변하지 않았다. 그들은 관계적이며, 서로를 지지하고 응원하며 섬기는 공동체가 되기를 원했다. 가족 캠프 등 어린아이부터 노인에 이르기까지 모두가 동참할 수 있는 시간을 의도적으로 만들어갔다. 함께 웃고, 즐기고, 소통하고, 섬기고, 사랑하는 가운데 그들은 아름다운 공동체를 유지할 수 있었다.

1989년 돈 피케릴이 20년의 사역을 마치자 10년 이상 교회의 스태프로 섬겼던 아들 마크 피케릴Mark Pickerill이 그의 후임이 되었다. 마크는 모든 면에서 사람들의 인정과 존경을 받는 훌륭한 지도자였다. 그의 리더십 아래 교회는 더욱 건강하게 성장하였다. 그는 교회가 성장하는 가운데도 누구 하나 소외되지 않고 받아들여지는 공동체가 되는 데 세심한 주의를 기울였다. 나아가 교회가 정체되지 않고 미래를 준비할 수 있기를 바랐다. 이를 위해 그는 8년 전 이미 후임자를 세워 함께 동역하고 있다. 107년 동안 단 5명의 담임목사가 사역한 크리스천 어셈블리는 리더십이 어떻게 아름답게 이양될 수 있으며 교회의 가치와 정신이 어떻게 역사를 관통해 아름답게 흘러갈 수 있는지를 보여주는 전형이 되고 있다.

역동성을 지닌 공동체

크리스천 어셈블리의 현재 모습은 어떨까? 교회는 전통과 가치를 놀라울 정도로 성공적으로 계승하고 있다. 외적으로도 대형교회로 성장했다.[2] 회중의 구성은 2009년까지 백인 50%, 아시아인 20%, 히스패닉 20%, 기타 6%, 흑인 4%의 비율을 보였지만, 현재는 더 다양한 인종, 민족, 세대, 계층이 모여 하나의 공동체를 이루고 있다.

특이한 점은 교회의 분위기가 수천 명이 모이는 다른 대형교회와는 사뭇 다르다는 점이다. 거대한 건물과 넓은 주차장, 화려한 테크놀로지로 중무장한 미국의 대형교회들에서 느낄 수 없는 소박함과 지역성이 이 공동체엔 가득 차 있다. 교회는 30년 전 본당 건물을 그대로 사용하고 있으며 더 필요한 건물들은 주변건물을 매입하여 사용하고 있다. 교회의 전체 분위기는 매우 밝고 자연스러우며 새로운 사람에게도 따뜻하지만 과하지 않게 대한다. 마치 오랫동안 그 교회를 다닌 사람처럼 느껴지게 만드는 그들만의 방식이 신선하게 다가왔다. 예배도 마찬가지였다. 어떤 부분도 과하거나 인위적이지 않고, 담백하고 자연스러웠다.

앞서 이야기한 것처럼 이미 수십 년 된 교회의 본당은 늘어난 성도 수에 비하면 매우 협소했지만, 그들은 거대한 예배당을 새로 짓기보다 주어진 공간을 최대한 활용했다. 작은 공간에 장의자를 마름모꼴로 배치하고, 강단은 성도들과 같은 높이에 놓였다. 공간적으로 예배를 이끄는 사람과 회중의 거리가 느껴지지 않을 정도로 가까웠다. 찬양 인도자나 설교자가 회중 가운데서 예배를 드리고 있는 것 같은 착각이 들 정도였다. 게다가 회중이 앉는 의자가 강단을 중심으로 마름모꼴로 배치되어 있어서 성도들은 서로의 얼굴을 보면서 예배를 드릴 수 있었다. 이를 통해 성도들은 서로에게 연결된 친밀함을 느낄 수 있었다. 사소한 부분에서도 관계와 공동체의 가치를 소중히 여기는 교회다웠다.

예배는 매우 공동체적이다. 이 교회에는 미국의 대표적인 예배 인도자인 타미 워커 Tommy Walker를 비롯해 유명한 예술가와 음악가가 많이 있지만, 어느 누구도 자신의 음악적 기량을 돋보이게 만드는 기교를 사용하지 않는다. 그들은 탁월하지만 과하지 않고 균형 잡힌 연주로 예배를 섬기고 있었다. 인도자는 회중이 모두 참여할 수 있는 곡들을 중심으로 예배를 이끌고 회중 역시 매우 적극적으로 예배에 참여했다. 전 세대가 어우러져 손뼉을 치고, 손을 들고, 기쁨과 감사로 깊이 있게 찬양하는 모습은 그 장소에 함께 있는 것만으로도 깊은 은혜와 감동을 주었다.

사역의 조화를 이룬 '라이프 그룹'

크리스천 어셈블리는 교회의 내적 사역과 외적 사역이 매우 밀접하게 연결되어 있으면서 서로 지원하는 구조이다. 내적 사역은 크게 남성사역, 여성사역, 회복사역으로 나뉘며 외적 사역은 전도와 선교, 타 교회들과의 협력을 통해 이루어지는 교회개척 사역이다. 주목할 부분은 이러한 사역이 모두 '라이프 그룹'Life Group이라 불리는 소그룹 공동체를 중심으로 이루어지고 있다는 사실이다. 크리스천 어셈블리의 소그룹은 그 형태와 내용에서 매우 독특한데, 일률적이고 정형화된 형태가 아니라 성도들의 형편과 상황에 맞게 다양한 형태로 조직되어 운영된다. 현재 교회에는 약 220개 이상의 라이프 그룹이 있으며, 아이들의 연령에 따른 학부모 그룹, 아버지 그룹, 어머니 그룹, 각종 운동과 야외 활동을 위한 그룹, 다이어트를 위한 그룹, 다양한 중보기도 그룹, 커플을 위한 기도 그룹, 신학과 철학 연구와 토론 그룹, 다양한 성경공부 그룹, 홈스쿨링을 위한 가족 그룹, 입양 자녀를 둔 부모 그룹, 선교적인 활동을 위한 그룹 등 다양하게 형성되어 있다. 각 모임의 성격과 사명이 모두 다르고, 소그룹 참여 여부는 성도들의 자발적인 의지로 결정되며, 모임 내용과 활동 또한 그룹 멤버들의 협의에 따라 달라진다. 즉 교회가 주도하는 사역 구조가 아니라 성도가 주도하는 사역 구조인 것이다.

라이프 그룹은 성도들이 삶을 나누고 함께 성장하는 것을 목적으로 하지만, 거기서 그치는 것이 아니라 성도들이 공동체를 통해 선교적인 삶을 살아가게 하는 것을 목표로 한다. 뿐만 아니라 이러한 라이프 그룹을 통해 신앙생활을 시작하고 교회에 나오게 되는 경우도 많다.

한편, 공동 담임목사인 톰 휴즈Tom Hughes는 다양한 회복 그룹과 상담 사역이 차지하는 위치와 의미를 많이 강조했다. 현재 교회 내에는 알코올 중독자, 성폭력 피해자, 성 중독자, 이혼 문제로 고통 받는 사람 등을 위한 약 27개의 회복 모임이 라이프 그룹으로 운영되고 있다. 교회는 이러한 회복 그룹들을 돕기 위해 전임 전문 상담사를 고용했고, 그 밖에 다양한 전문가들을 초청해 분노 조절, 결혼 준비, 부모 역할, 부부 관계, 재정 관리, 성 문제 등 성숙한 크리스천의 삶을 위한 다양한 강의를 제공한다.

가치를 형상화하는 리더십

역사와 전통이 과거의 유산으로 머물지 않고 도리어 발전의 원동력이 될 수 있었던 데는 리더십의 역할이 결정적이었다. 이미 살펴본 것처럼, 107년의 역사 가운데 담임목사는 단 다섯 명에 지나지 않았다. 현재는 4대와 5

대 담임목사가 8년 전부터 공동 목회를 하고 있다. 톰이 교회의 공동 담임목사로 사역하게 된 데는 선임인 마크 목사의 겸손한 리더십이 큰 몫을 했다. 처음 톰이 교회와 인연을 맺게 된 것은 풀러신학교 학생으로서 교회에서 자원봉사를 하면서부터이다. 2003년 톰은 목회학 석사 M.Div. 과정을 마치고 교회의 청년부를 맡게 되었는데 여러 면에서 탁월성을 드러냈다. 무엇보다 처음에는 40명이던 청년부가 4년 후에는 500명이 넘는 그룹으로 성장하게 되면서, 마크는 그에게 공동 담임목사직을 제안했다. 당시 톰은 33살에 불과한 젊은 목사였고, 마크 역시 55살로 목회의 절정기를 지나고 있었기에 톰은 잘 이해가 되지 않았다. 이유를 물었을 때, 마크는 두 가지로 설명했다. 첫 번째는 이 시점에서 자리를 제안하지 않으면 그가 다른 교회로 갈 것 같다는 이유였고, 두 번째는 톰이 교회가 미래로 나아가는 데 있어 필요한 은사와 능력을 가지고 있다는 이유였다. 심사숙고와 깊은 기도 기간을 거쳐 두 사람은 마침내 공동 사역을 시작했다. 그리고 지금까지도 둘의 사역은 너무나 아름답게 이루어지고 있다.

마크는 톰의 멘토로서 그가 성숙한 목회자가 될 수 있도록 최선으로 돕고 있으며 빛이 나는 자리, 주목받는 자리에 톰을 세웠다. 같은 시간에 본당과 작은 예배당에서 드려지는 주일 예배 시간에도 마크는 톰을 본당에 세우고 탁월한 예배 인도자인 타미 워커를 동역자로 붙여 주었다. 3년 전 할리우드 볼 Hollywood Bowl 에서 6만 명이 모인 연합 집회가 열렸다. 마크는 그 자리에도 역시 크리스천 어셈블리의 대표 설교자로 톰을 세웠다. 톰은 이 모든 것이 다른 사람에게 보이기 위한 쇼가 아니라 선임 목회자인 마크의 의지이자 일관된 소신이라고 고백한다. 마크는 예배 중 공동 목회를 선포하고 물을 담은 대야와 수건을 가져와서 톰의 발을 씻겼다. 지금까지도 마크는 처음 모습 그대로 톰을 섬기고 세워주며 리더십을 공유하면서 계승시키고 있다. 마크의 은퇴가 2년 남은 현재, 교회는 이들로 인해 행복감과 자긍심을 느낀다. 또한 이들의 관계는 리더십을 어떻게 다음 세대에게 전수해 줄 것인가에 대한 탁월한 해답을 제시하고 있다. 진정한 리더십은 예수 그리스도께서 보여 주신 것처럼 나보다 남을 낮게 여기는 섬김과 사랑을 통해서 발휘된다는 사실을 이들은 함께 증명하고 있는 것이다.

그러나 이들의 이야기는 여기서 끝나지 않는다. 리더십의 이양은 담임 목사 직에만 국한되지 않고, 다른 분야에서도 적용되고 있다. 예를 들어, 25년간 교회를 섬겨왔던 캐시Cathy 는 6년 전 사역을 이어받을 사람을 채용해 동역하고 있다. 52살인 미셸Michell 은 그녀의 리더십을 이어받을 30대 사역자를 채용하기 위해 현재 면접을 하고 있다. 워십 리더인 타미 워커는 제이콥Jacob 과 수년째 동역하고 있다. 이러한 모습은 이들의 관심이 현재에만 머물러 있지 않고 어떻게 미래를 준비할 것인가를 끊임없이 고민하면서 나온 것이다. 당연히 교회엔 오랫동안 동역해온 사역자들이 많다. 마크는 40년, 톰은 13년, 워십 리더인 타미는 25년, 제이콥은 15년, 캐시는 25년을 섬기고 있다. 이 모든 것은 교회가 지닌 가치의 발현이다. 안정과 함께 변화를 추구하기 위해 교회는 능력 자체만을 보는 것이 아니라 오랫동안 함께할 수 있는 가족 같은 사역자를 찾는다. 그리고 이에 적합한 사역자를 찾게 되면 그들이 마음껏 사역할 수 있도록 협력과 지원을 아끼지 않는다.

교회가 전통적인 가치를 유지하면서 지속적으로 성장하고 발전하는 것은 한 사람의 탁월한 능력과 힘으로 되는 것이 아니다. 크리스천 어셈블리처럼 흔들리지 않는 가치를 공유하고 이를 위해 리더들이 한 팀이 되어 신뢰와 안정감을 줄 때만 가능하다.

세대가 연결되는 사역 구조

크리스천 어셈블리는 오래되었지만 새롭고, 크지만 친밀하며, 다양하지만 서로가 연결되어 있는 교회이다. 이러한 특성은 교회가 설립될 때부터 지금까지 가족으로서의 정체성을 잘 유지해온 결과이다. 그리고 무엇보다 그 중심에는 모든 것을 공유하고, 머리를 맞대고 문제를 해결하며 교회의 정체성과 전통적인 가치를 계승하려고 노력한 리더십이 있었다.

세대 간의 문제도 마찬가지이다. 사실 오늘날 교회가 직면하고 있는 가장 큰 문제 중 하나가 바로 세대 간의 문화적 차이로 인해 발생하는 문제이다. 예배 방식만 해도 그렇다. 대중문화와 SNS에 길들여진 신세대들은 형식적이고 권위적인 전통예배에 적응하지 못한다. 많은 교회가 예배 방식에서 현격한 세대 차이를 경험하고 있다. 크리스천 어셈블리는 이러한 문제를 해결하기 위해 예배 형식을 현대화하고 콘텐츠를 공유하는 방식을 택했다. 또한 중고등부와 대학부를 위해 주중 예배를 만들었다. 대신 주일에는 모두가 함께 참여할 수 있는 예배를 지향한다.

다음 세대를 향한 노력은 예배에만 국한되지 않는다. 다양한 강의를 열어 청소년들이 자신의 재능을 발견하도록 돕고, 실제 사역에서 은사를 사용할 수 있도록 기회를 제공한다. 예를 들어 학생들이 만든 곡이 본 예배 중에 불리기도 하고, 청소년 찬양 인도자가 성인 인도자와 함께 주일 예배를 이끌기도 한다.[3]

어떻게 세대가 연결될 수 있을까? 그것은 사실 기성세대의 노력에 달려 있다. 기성세대가 다음 세대의 문화에서 접촉점을 찾으려 노력할 때 비로소 열매를 맺을 수 있는 것이다.

리더를 세우는 멘토링 사역

크리스천 어셈블리의 또 하나의 특징으로 자율적이며 자발적인 사역 문화를 들 수 있다. 사역의 대부분이 평신도가 주체가 되어 이루어진다는 점은 놀랍다. 사실 전통적인 교회의 사역 구조는 소수의 리더가 사역에 필요한 사람을 찾아 책임을 부여하고 관리하는 형식이 일반적이다. 그러나 크리스천 어셈블리에서 리더의 역할은 사람들의 이야기를 듣고 부르심을 분별할 수 있도록 도와 그에게 맞는 사역을 찾아주는 것이다. 구체적으로 어떻게 이러한 사역이 가능할까? 그 비밀은 바로 그룹 멘토링 사역에 있다. 모든 목회자는 1년 동안 약 20명 정도의 그룹을 정기적으로 만나 그룹 멘토링을 한다. 이 그룹은 목회자가 직접 선별한다. 이때 기도와 성령의 이끄심을 통해 가능성을 지닌 사람을 선별하는 것이 매우 중요하다. 멘토링 사역의 목표는 성도 안에 내재된 잠재적 능력을 개발시켜 주는 것이다. 담임목사도 예외없이 그룹 멘토링 사역을 한다. 공동 담임목사인 톰도 약 20명의 성도를 뽑아 그룹 멘토링을 하고 있다. 이런 방식으로 현재 약 190명의 성도가 멘토링을 받고 있고, 1년이 지나면 또 다른 성도들이 이 그룹에 속하게 될 것이다.

멘토링 사역은 크게 세 가지 단계적 목표가 있다. 첫째, 예수님과의 관계를 성장시킨다. 둘째, 자기 자신을 성찰하여 사람 낚는 어부가 되기 위한 은사를 발견한다. 셋째, 하나님의 부르심을 확인하고 파송한다. 이 사역은 매우 강력하다. 상상해 보라. 만약 성도들이 각자 자신의 부르심을 발견하고 이에 맞는 사역을 하게 된다면, 그 헌신도는 어떠하겠는가. 크리스천 어셈블리가 지속적으로 발전하는 이유가 바로 여기에 있다. 매년 자신의 사명을 발견하고 인식한 성도들이 사역 현장으로 보냄을 받는다. 그들의 자발적인 헌신과 에너지가 만들어 내는 역동성은 교회의 변화를 주도하기에 충분하다. 따라서 일단 사역이 시작되면 교회는 거의 간섭하지 않는다. 필요한 자원과 인력을 찾고, 사역을 전문화하는 일은 모두 성도들의 몫이다. 교회는 단지 일종의 R&D Research & Development:연구개발 센터의 기능을 하면 된다. 더불어 성도들이 자유롭게 사역을 시도하고 실패할 수 있는 여지를 주기 때문에 늘 다양하고 새로운 사역이 일어나는 것은 당연한 일이다.

지역과 세상을 향해 보내는 사역

성도의 사명은 언제나 교회를 넘어 지역과 세상을 향해야 한다. 크리스천 어셈블리가 계속해서 성장하며 지역에 선한 영향력을 끼치는 이유는 성도들이 삶의 자리에서 실제적인 선교를 감당할 수 있도록 끊임없이 도전했기 때문이다.

전직 공립학교 교사로 은퇴 후 현재는 마켓에서 일하고 있는 한 여성도의 이야기이다. 그녀는 서민들이 찾는 마켓에서 일하면서 교회가 위치한 이글락 Eagle Rock 의 현실을 깊이 체감하게 되었다. 특히 그녀는 가정 형편이 어려워 제대로 된 교육을 받지 못하는 학생들이 많음을 주목했다. 기도와 훈련을 통해 그녀는 자신의 부르심이 깨어진 가정과 가난으로 인해 고통 받고 있는 학생들을 돕는 일임을 발견했다. 그래서 자신의 전공을 살려 일주일에 한 시간씩 학교에 찾아가 학생들을 가르치고 돌보는 멘토링 사역을 시작했다. 그렇게 시작된 사역이 이후 엄청난 파장을 일으켰다. 매년 더 많은 성도가 이 사역에 참여하면서, 한 학교에서 멘토링이 필요한 거의 모든 학생이 돌봄을 받는 수준에 이르게 되었다. 이 사역이 8년 이상 지속되면서 학생뿐만 아니라 가정이 변하고 교사가 변하는 일까지 일어났다. 마침내 이들의 헌신은 비신자였던 교장 선생님까지 변화시켰다. 어느 토론회에 연사로 나온 교장 선생님은 "나는 현재 기독교인은 아니지만, 만약 하나님을 믿는다면 크리스천 어셈블리의 성도들이 믿는 그 하나님을 믿겠습니다!"라고 고백했다.

평범한 20대 여성으로 한 패션 디자이너의 조수로 일하고 있는 성도의 이야기이다. 삶의 자리에서 어떻게 선교적인 삶을 살 것인가를 기도하며 고민하던 중 그녀는 옷을 통해 기금을 모금하고, 그 돈으로 인신매매를 당한 여성들을 돕기 시작했다. 'Dressember'[4]라고 불리는 사역의 원리는 매우 간단하다. 페이스북과 인스타그램, 홈페이지 등을 통해 캠페인을 전개하는데 참여하고자 하는 사람들은 12월 한 달 동안 매일 드레스를 입고 출근을 한다. 이를 통해 여성의 존엄성을 알리고 홈페이지를 통해 기금을 모았다. 2009년 처음으로 모금된 금액은 10,000달러였다. 2013년에는 32개국 1,233명이 동참해서 165,000달러가 모였으며, 2014년에는 463,000달러가 모였다. 2015년에는 백만 달러 이상이 모일 것으로 기대하고 있다. 이렇게 모인 기금전액은 여성들을 구제하고 돕는 일에 쓰인다. 놀라운 것은 이 사역이 보조 디자이너로 일하고 있는 한 여성도로부터 시작되었다는 사실이다. 그녀는 여전히 평범한 삶의 자리에서 복음을 위한 선교적인 삶을 살아가고 있다.

   크리스천 어셈블리에는 하나님 나라를 위해 세상을 섬기는 이런 성도들의 이야기가 넘쳐난다. 노숙자를 섬기고, 입양 사역을 하고, 중독자를 치유하고, 장애아들과 위기에 빠진 아이들을 돌보고, 비즈니스 리더들을 모아 훈련하여 보내는 마켓플레이스 사역 marketplace ministry 등 다양한 영역에서 평신도들에 의한 사역이 활발히 전개되고 있다. 주목할 점은 이 모든 사역이 교회의 프로그램이 아니라 성도들의 자발적인 헌신과 사역을 통해 이루어지고 있다는 사실이다. 자신의 전문성과 부르심을 통해 세상을 변화시키려는 열정이 교회 담장을 넘어 세상의 한가운데서 펼쳐지고 있다.

이것이 바로 세상 가운데로 보냄받은 성도의 정체성이자 교회의 정체성이다.

복음에 기초한 성육신적 사역과 나눔

교회의 사명은 세대를 초월하여 하나님 나라를 확장하는 것이다. 그렇기 때문에 교회는 정체되어서도 정착해서도 안 된다. 크리스첸 어셈블리가 새로운 세대를 포용하기 위해 예배 방식을 바꾸고 끊임없이 새로운 실험을 하는 것도 바로 이 때문이다. 그 대표적인 예가 주일 저녁에 드리는 'Fusion'이라는 예배이다. 이 예배는 18-35세 사이의 젊은이를 위해 기획되었다. 처음에는 약 40명의 젊은이가 모였지만, 지금은 500명 이상의 젊은이가 모이는 예배로 성장했다. 이 예배는 기존의 예배와 많은 점에서 차별화를 시도했다. 젊은이들의 문화에 맞춘 것이다. 그 결과 놀랍게도 교회를 떠났던 많은 젊은이들이 돌아오는 영적 부흥을 맛보았다.

한편 교회는 모이는 교회에서 흩어지는 교회로 그 영역을 확장하고 있다. 지속적인 성장으로 시설적인 한계에 부딪히자 교회는 더 큰 건물을 매입하거나 새로운 건물을 세우는 대신 새로운 교회를 세우고 성도들을 보내기로 결정했다. 그래서 교회는 지금 기존 교회와 떨어진 다른 지역에 교회를 개척하고 5-600명의 성도들을 내보내기 위해 준비 중이다. 집중화가 아닌 분산화를 선택한 것이다.

또한 크리스첸 어셈블리는 다른 교회들과 연합하여 교회개척 사역을 하고 있다. 그들은 로스앤젤레스의 119개 지역에 복음에 기초한 새로운 교회를 세우는 비전을 가지고 있다. 이와 함께 도움이 필요한 지역 주민들을 섬기는 사역도 하고 있는데 독자적인 사역이 아닌 전문기관과의 협력 사역을 하고 있다. 이러한 방법이 중장기적 관점에서 가난하고 소외된 이웃을 지속적으로 돕는 데 좋다고 판단했기 때문이다.

크리스천 어셈블리는 세대를 넘어 계속해서 복음으로 성도들을 무장시켜 세상으로 흘려보내는 축복의 통로가 되기를 꿈꾼다. 이것이 바로 100년을 넘는 역사 속에서도 지속적으로 성장하고 부흥할 수 있었던 비결이다.

크리스천 어셈블리의
사역 원리

첫째, 하나님 나라의 관점에서 사람을 중시하라.

크리스천 어셈블리의 핵심가치는 사람에 있다. 그들은 가족 됨과 교회 밖 이웃의 가치를 중시한다. 스콧 맥라잇 Scot McKnight 이 지적했듯이 '하나님 나라'는 결국 '사람'이다. 5) 하나님에 의해 통치 받는 백성이 왕국의 핵심이다. 오늘날 교회는 하나님의 사람을 세우고, 하나 되고, 함께 나아가는 것의 가치를 얼마나 중시하고 있는가를 돌아보아야 한다.

둘째, 변화하는 회중의 상황과 문화에 민감하라.

과거 교회는 '그저 문을 열고 기다리기만 하면 고객이 줄을 설 것'이라는 태도로 사역해 왔다. 6) 그러나 지금의 상황은 전혀 다르다. 세상은 변했다. 교회는 회중이 직면한 문제와 아픔, 상처와 갈망을 볼 수 있어야 한다. 우리는 크리스천 어셈블리가 회중의 상황과 문화에 민감하게 변화를 시도하는 과정을 주목할 필요가 있다.

셋째, 다음 세대를 품고 준비하는 리더십 문화를 형성하라.

교회가 시대와 세대를 넘어 지속적으로 성장하며 영향력을 미치고 싶다면 다음 세대를 준비해야 한다. 크리스천 어셈블리는 오랫동안 다음 세대 리더십을 준비시켜 계승하는 사역 문화를 발전시켰다. 교회는 어떤 조직보다 오래되고 보수적인 기관이기 때문에 7) 갑작스러운 변화를 달가워하지 않는다. 이러한 교회의 특성을 고려한다면 천천히 자연스럽게 리더십이 이양되는 것이 좋다. 그렇다면 교회는 새로운 리더십이 기존의 가치와 철학을 자연스럽게 체득할 수 있는 시간을 주면서 변화하는 시대에 맞게 창조적 사역을 시도해 볼 수 있는 여지와 공간도 마련해 주어야 한다.

넷째, 성도가 사역의 주체가 되게하라.

교회의 전통 속에서 사역은 성직자의 영역으로 인식되어 왔다. 그러나 성경은 성직자와 평신도를 이분법적으로 구분 짓지 않는다. 모든 성도가 하나님의 선교에 동참해야 할 소명을 부여받았기 때문이다. 따라서 성직자의 주요 역할은 평신도가 제사장이자 선교사로서의 사명을 잘 감당할 수 있도록 훈련하고, 세우고, 돕는 것이다. 이것이 성직자와 평신도의 기능적 차이이다.

홈페이지: cachurch.com

나가는 말

누군가 필자에게 '교회에 미래가 있는가?'라고 묻는다면, 당연히 '그렇다'라고 대답할 것이다. 교회의 주인이 살아계신 하나님이시기 때문이다. 물론 현시대의 교회가 급격한 사회 변화와 다양한 도전 가운데 방향을 잃고 힘겨워하고 있는 것은 엄연한 현실이다. 그러나 살아있는 교회는 역사상 어느 시대에도 편안함과 안락함 속에 있지 않았다. 그런 관점에서 본다면 이러한 시대적 도전도 그렇게 새로운 것은 아니다. 교회가 본질을 놓지 않고 순교의 정신을 가질 수만 있다면 주님의 교회는 결코 쇠하지 않을 것이다. 참된 교회는 '사상을 지닌 백성이 아니라 과업을 지닌 백성'[8]에 의해 형성됨을 기억하라. 하나님 나라를 위한 과업! 이것이 오늘날 교회에 주어진 가장 중요한 사명임을 기억하면서 먼저 그 나라와 의를 구하는 한국 교회가 되기를 소망해 본다.

MODEL **2**

모자이크교회
MOSAIC

창조성과 영성
문화개척자
실험적인 교회
세상에 충격을 주는 사역
나이트클럽
MTN

문화와 예술

모자이크교회 MOSAIC

영성에 목마른 세대

포스트모던 시대를 살아가는 세대에게 종교는 어떤 의미일까? 전통과 제도에 대해 강한 거부감을 보이며, 자기중심적 만족과 행복을 추구하는 세대에게 종교란 그리 매력적이지 않은 것이 분명하다. 그러나 그렇다고 해서 기성 종교에 대한 거부감이 곧 영적 세계에 대한 거부는 아니다. 오히려 포스트모던 세대는 영적인 것에 열려있을 뿐 아니라 간절히 체험하기 원한다.[1)]

'Crave'[2)]라는 다큐멘터리는 모자이크교회 MOSAIC 의 담임목사인 어윈 맥머너스 Erwin Raphael McManus 가 다양한 인종과 나이, 배경을 가진 사람들을 만나 종교, 교회, 신, 예수, 기도 등에 대한 질문을 던지고 그 대답들을 담은 것이다. 흥미로운 점 중 하나는 특정 종교에 대해서는 엇갈리는 반응을 보였던 사람들이 '영성'spirituality 혹은 '기도'와 같은 문제에 관해서는 매우 긍정적인 태도를 보였다는 점이다.

인생의 행복에 대한 관점도 흥미로웠다. 대부분의 사람들에게 사회적 성공이나 화려한 생활은 인생에서 가장 중요한 것이 아니었다. 그들의 대답은 가족, 관계, 사랑, 다른 사람을 돕는 삶 등이었다. 놀랍게도 사람들이 진정 목말라하는 것은 바로 사랑에 기초한 '깊고 친밀한 관계'였다. 즉 서로 사랑하고, 소속되고, 함께하는 공동체에 대한 갈망이 사람들의 진정한 '필요'였던 것이다.

이제 초점을 교회로 옮겨서 생각해 보자. 전도가 어려워지고 교회가 배척당하는 것처럼 보이는 이유는 무엇일까? 그 원인은 다름 아닌 교회와 세상과의 '단절'disconnection에 있다. 사실 교회라는 공동체 안에는 여전히 세상에서 흔히 볼 수 없는 고귀한 희생과 헌신, 사람들을 포용하고 돌아보는 사랑 등 훌륭하고 아름다운 유산이 많이 남아 있다. 그러나 문제는 그런 것들이 세상에 잘 드러나지 않는다는 점이다. 왜냐하면 교회가 세상과 너무 단절되어 있기 때문이다. 그렇다면 우리는 어떻게 닫혀 있는 사람들의 마음을 다시 열 수 있을까? 또 어떻게 정서적으로나 영적으로 목마른 사람들에게 예수님의 진정한 사랑과 위로를 전할 수 있을까? 이것이 이 시대에 교회가 풀어야 할 시급한 과제이다.

역설적이게도 포스트모던 시대를 살아가는 사람들은 영적인 것에 마음이 열려있다. 그러나 일방적이고 강압적인 태도로 진리를 강요하는 것에 대해서는 부정적인 반응을 보인다. 그런데 안타깝게도 이제까지 교회는 이원론적으로 복음을 증거하는 방식을 고수해 왔다. 이제 교회가 사람들의 영적 갈망을 발견하고 채워주는 방식으로 사역할 때가 되었다. 즉 교회는 목마르고, 배고프고, 힘겨운 사람들이 찾을 수 있는 영적 공동체가 되어야 하는 것이다. 이것이 21세기에 가장 효과적인 복음 전도법이다. 먼저 사랑에 기초하여 친밀한 관계를 형성하고, 그 위에 창조적이고 아름다운 공동체를 만들어 가야 한다. 시대적으로 그런 공동체만이 영적 갈급함과 삶의 위기에 직면한 사람들을 그리스도의 복음으로 인도할 수 있다.

복음을 위한 모험과 도전

맥머너스 목사가 주목한 점이 바로 이것이다. 종교화된 교회, 경직된 교회, 세상과 소통하지 못하는 교회, 세상 사람들의 영적 갈망을 채워주지 못하는 교회가 아니라 영적 갈증을 느끼는 사람들에게 생수 같은 복음을 증거하는 교회가 되기 위해 모자이크교회는 지속적으로 변화하며 도전해 왔다. 그 결과 지금 모자이크교회는 4-50개 이상의 다양한 국적을 가진 수천 명의 성도가 모여 예배하는 영적 공동체가 되었다. 또한 '미국에서 가장 혁신적인 10대 교회'로 꼽히며 개혁적이고 창조적인 사역을 하는 교회로 유명하다.[3] 무엇보다 모자이크교회는 21세기 문화에 적합한 교회가 되기 위해 지속적인 변화와 모험을 감수하고 있다.

예전부터 모자이크교회는 유화, 살사 댄스, 카페, 라이브 밴드 등으로 유명한 교회였다. 세상 문화로 치부되던 문화적 요소들을 과감하게 받아들였을 뿐 아니라 더 적극적으로 세상 문화에 침투하기 위해 기존의 전통적인 교회 건물을 매각하고, 세속적인 장소로 여겨지는 나이트클럽을 예배 장소로 사용하는 모험을 감행하기도 했다. 이런 일들은 당시 엄청난 이슈가 되었고, 이로 인해 많은 비난을 받기도 했다.[4] 그러나 교회는 늘 새로운 변화를 시도하며 다양한 거점 도시를 선정하여 그곳에서 예배 사역을 수행해 나갔다. 즉 모자이크교회는 최초로 멀티 사이트 교회 multi-site church 를 시도했던 것이다. 그러던 중 또 다른 실험을 감행한다. 바로 멀티 사이트 교회 중 건강한 교회들은 독립시키고, 방만하게 확장되던 나머지 캠퍼스들은 문을 닫고 소수의 인원과 함께 모자이크교회를 재창립하였다. 이후 모자이크교회는 폭발적인 성장을 경험하게 된다. 성장의 단적인 예로 2013년 3월부터 6월까지 3개월 동안 세례 받은 인원이 무려 330명이나 되었고,[5] 최근 2년 사이에 2,000명 이상의 성도가 더해졌다. 물론 모험은 여전히 진행 중이다.

그렇다면 과연 무엇이 이토록 많은 젊은이들을 복음에 열광하게 만들었을까? 분명한 점은 모자이크교회가 정체되지 않고 항상 창조적이고 다양한 사역을 시도하는 교회라는 사실이다. 더불어 모자이크교회는 세상 속으로 들어가되 복음에 단단하게 뿌리박은 영적 공동체가 되기 위해 몸부림쳐 왔다. 바로 이런 점이 영적 공황상태에 빠져 무기력해진 교회를 떠났던 젊은이들을 다시 교회로 불러들이는 원동력이다. 교회를 따분하고 지겨운 곳으로만 여기던 세대를 참된 영적 체험과 공동체를 경험할 수 있도록 이끌어 주었던 것이다.

혁신가, 맥머너스

모자이크교회가 다른 교회들과 다르게 혁신적인 모험을 감행하는 배경에는 무엇보다 담임목사의 남다른 사역 철학과 가치관이 있다. 그는 창조성과 영성의 융합을 통한 '문화 개척자'로 알려져 있으며 예술가, 작가, 시인, 문화사상가, 영화제작자, 활동가, 혁신가 등 많은 수식어로 표현되는 인물이다. 중앙아메리카의 엘살바도르 El Salvador에서 태어난 맥머너스는 어린 시절 미국으로 이민을 오게 되고, 스무 살에 예수님을 인격적으로 만나게 된다. 그리고 그리스도의 제자로 살 것을 헌신한다. 그러나 그는 기독교의 문화에 불편함을 느꼈다. 이는 그의 동료들과 친구들을 교회로 인도하는 과정에서 실제로 문제가 되었다. 그들을 교회로 인도하기 위해서는 교회의 전통적인 형식과 문화적인 장벽을 뛰어넘어야 했는데 그 벽이 예상보다 너무 높았다. 이런 결과들을 지켜보면서 맥머너스 목사는 복음을 증거하는 데 비본질적인 장애물들을 교회에서 제거하기로 결심한다. 나아가 의식과 제도에 갇혀 참된 복음이 살아 움직이지 못하는 화석화된 종교를 살아있는 복음으로 바꾸기 원했다.[6] 이것이 바로 그가 혁신적인 사역을 지향하게 된 근본적인 이유였다. 맥머너스 목사는 다음과 같이 말한다. "우리는 실험적인 교회가 되기를 원한다. 하나님 나라의 연구개발부서 R&D; research & development가 되고 싶다. 그래서 기꺼이 위험을 감수하고서라도 한 사람의 영혼을 예수님께로 인도하기 위해 더 많은 일을 시도할 것이다."[7]

모자이크교회의 정체성과 핵심가치

혁신과 변화를 추구하는 모자이크교회는 다음과 같이 정체성을 밝힌다.

"모자이크교회는 믿음으로 살고, 사랑으로 헌신하며 이 땅에 희망의 목소리가 되기 위해 예수 그리스도를 따르는 자들의 공동체이다. '모자이크'라는 이름은 멤버들의 다양성과 더불어 깨어지고 파편화된 인류가 하나님의 예술적 손길로 다시 아름다운 작품이 될 수 있다는 의미를 상징한다. 따라서 모자이크교회는 그들의 배경에 상관없이 모든 사람을 환영한다."

모자이크교회의 비전은 로스앤젤레스의 영적 기준점이자 땅끝까지 복음을 전하는 기지가 되는 것이다. 이를 위해 그들은 다음의 다섯 가지 핵심가치를 공유한다. 흥미로운 것은 모자이크교회는 핵심가치마저 전형적인 문구가 아닌 문학적 상징으로 표현했다는 점이다.

첫째는 바람이다. 이는 성경적 명령으로서 선교를 의미한다. 모자이크교회가 존재하는 가장 근본적인 이유는 복음을 통해 영혼을 주님께로 인도하는 것이다.

둘째는 물이다. 물은 사랑의 공동체를 뜻한다. 모든 선교의 토대는 사랑이어야 하며 모든 그리스도의 제자는 공동체의 일원으로서 존재해야 한다.

셋째는 나무나. 나무는 연결을 뜻한다. 모든 조직과 구조는 반드시 성령에 복종하며 상호 연결되어 있어야 한다. 그런 차원에서 교회는 성도들을 조종하는 곳이 아니라 성도들에게 힘을 부여하는 곳이다. 또한 모든 성도는 그리스도의 지체로서 섬김을 위해 특별한 부름을 받았으며 상호 연결되어 있다.

넷째는 불이다. 불은 연합을 뜻한다. 즉 세상 문화와의 연결은 선택이 아닌 필수이다. 그런 의미에서 교회는 성육신적이어야 하며, 동시에 예수님의 모든 제자는 하나님과의 연합을 기쁨으로 추구해야 한다.

다섯째는 땅이다. 땅은 인격을 뜻하며 이는 창조성으로 이어진다. 진정한 영성은 창조성을 수반하기 때문이다. 그런 의미에서 교회는 세상에 순응하는 존재가 아닌 세상을 변화시키는 공동체가 되어야 한다. 동시에 예수님의 제자는 그리스도를 닮은 존재로 성장해 나가야 한다.

모자이크교회의 핵심가치를 요약하면 하나님, 사람 그리고 창조적 영성으로 모아진다. 하나님의 형상으로 지음받은 인간은 모든 영역에서 창조적이며 예술적으로 반응할 수 있는 존재이다. 따라서 서로 다른 파편이 모여 하나의 아름다움을 완성하고, 새로운 문화를 만들어 내며 복음을 효과적으로 전파하는 신앙 공동체가 바로 모자이크교회의 꿈이요 소망인 것이다.

가치가 투영된 예배

현재 모자이크교회는 아카데미 시상식이 열리고, 세계 유명 스타들의 이름이 새겨진 할리우드에 있다. 타원형 모양의 크고 아름다운 건물은 모자이크교회의 예술성과 창의성을 담아내기에 적합하다. 교회는 시즌별 성경 말씀을 예술적인 조형물로 만들어 설치하고, 문화적 콘텐츠로 개발하여 다양한 문화행사 및 축제를 벌인다. 교회 내부의 인테리어도 마찬가지다. 목재로 만들어진 샹들리에와 모던한 분위기를 연출하는 벽 색깔, 그리고 예배에 집중하게 하는 무대, 주일 말씀을 형상화한 그림과 조명 등은 모자이크교회만의 젊음과 문화를 잘 보여준다.

모자이크교회의 에너지는 교회 주차장에 들어서면서부터 느껴진다. 차량 안내를 하는 젊은이들의 얼굴은 기쁨과 열기로 가득 차 있고, 손을 흔들면서 웃으며 유쾌하게 인사를 건넨다. 예배당 입구도 마찬가지다. 로비는 사람들로 북적거리고, 젊은이들이 여기저기 모여 활기찬 목소리로 교제한다. 로비에서는 크고 작은 문화 행사들이 지속적으로 열리는데 라이브 음악을 연주하기도 하고, 그림을 그리는 행사가 열리기도 한다. 한편 로비 입구에는 신용카드로 헌금을 낼 수 있는 기계가 놓여져 있다. 그 앞에 예배 전후로 헌금을 내기 위해 줄을 서 있는 모습이 이색적이다. 화려하진 않지만 구석구석에 놓여 있는 초들과 작고 아기자기한 공예품들이 자연스러운 조화를 이룬다.

주일 예배: 바람과 물

모자이크교회의 핵심가치는 우선적으로 예배에 적용된다. 바람과 물로 대변되는 주일 예배는 사람들의 영적 목마름을 채워주며 성도 개개인의 존재적 가치를 깨닫게 하는 데 초점이 맞춰져 있다.

예배당 내부는 극장식으로 되어 있는데 무대를 중심으로 의자가 곡선으로 배열되어 있다. 예배 시간이 되니 클럽에 있어야 할 것 같은 자유로운 복장의 젊은이들이 물밀듯이 들어왔다.

찬양팀의 경쾌한 연주가 시작되자 회중이 일제히 일어나 능동적으로 찬양을 부른다. 찬양은 강렬한 록음악을 바탕으로 한 젊은 세대의 감각에 맞는 곡들이었다. 균형 잡힌 음향과 화려한 조명 또한 예배를 돕는 중요한 요소였다. 경건한 찬양이 흐르자 분위기에 맞춰 안개가 피어오르고 푸른색 조명이 비쳤고, 회중은 간절한 목소리로 이렇게 고백했다.

"Jesus Christ! You are my one desire!"

"예수님! 당신만이 나의 유일한 갈망입니다!"

주일 예배임에도 대다수의 청년이 손을 들고 박수를 치며 몸을 흔들고 자유롭게 하나님을 찬양하고, 그분께 반응하면서 감격에 겨워 눈물을 흘린다. 그렇게 30분간의 찬양이 끝나면 교제 시간이 이어진다. 주변 사람들과 악수를 하고 통성명을 하며 인사를 나눈다. 이 시간은 상당히 시끄러운 분위기 속에서 진행되는데, 서로를 충분히 알아가고 교제할 수 있도록 긴 시간을 할애한다. 예배당은 순식간에 웃음이 넘치고 교제로 충만해진다.

이후 영상, 춤, 스킷 드라마 등의 짧은 공연이 이어진다. 사실 모자이크교회는 초기부터 멀티미디어와 댄스 등의 예술을 예배의 중요한 부분으로 승화시켜 사용해 왔다. 물론 이러한 형식의 예배는 구도자 중심의 예배 seeker sensitive worship로 이미 대중에게 많이 알려져 있지만, 모자이크교회는 다양한 형식으로 메시지를 전달할 뿐만 아니라 신앙을 예술로 승화시켜 고백하려는 의도가 깊다는 점에서 차이가 있다.

모자이크교회에서 선포되는 말씀은 매우 실제적이면서 실천적이며 급진적이다. 기본적으로 설교는 비신자가 들어도 이해하기 쉬운 표현과 용어로 전달되지만, 내용은 결코 가볍지 않다. 사실 맥머너스 목사는 메시지를 통해 회중을 불편하게 만든다. 그는 청중이 원하는 메시지를 전하는 것이 아니라 예수 그리스도를 따르는 백성으로서 감당해야 할 대가와 헌신을 강력하게 요구하기 때문이다. 그의 메시지는 일상적인 이야기로 시작되지만 그것을 인생의 본질적인 문제와 연결시켜 결단과 헌신을 요구하면서 마무리된다.

필자는 예배를 드리면서 여러 가지 생각이 들었다. 우선은 새롭고 신선하다는 점과 교회를 방문할 때마다 과거의 패턴을 습관적으로 반복하지 않는다는 점이 놀라웠다. 전통 교회에 익숙한 사람이라면 교회 같지 않은 분위기가 불편하게 느껴질 수도 있을 것이다. 그러나 그 속에서 변화된 수많은 젊은이가 하나님을 향해 두 손을 들고 눈물을 흘리며 새로운 삶을 결단하는 장면을 보면 예배 가운데 역사하시는 하나님의 손길을 부인할 수 없을 것이다. 세속문화의 정점에 노출된 할리우드의 젊은이들이 능동적으로 예배에 참여하며 그리스도의 제자로 변해가는 현상은 그야말로 선교적 역동성 그 자체이다.

수요 예배: 불과 땅

주일 예배가 바람과 물로 대변되며 사람들의 영적 목마름을 채워주는 것에 초점이 맞춰졌다면 수요 예배는 불과 땅으로 대변된다. 불과 땅은 인격과 열정을 의미하며 불같은 성령의 임재를 통해 자기 자신을 발견하게 되는 예배를 추구한다. 실제로 수요 예배는 그러한 뜨거움과 감격이 있는 예배였다.

필자가 수요 예배를 찾았을 때도 예배 시작 전부터 그 열기를 느낄 수 있었다. 예배 시작 1시간 30분전 임에도 불구하고 교회 입구는 많은 사람들로 북적이고 있었다. 디제이DJ의 화려한 손놀림과 강한 비트의 음악, 후각을 자극하는 남미 본토의 타코향과 진한 커피향이 뒤섞여 사람들의 발걸음을 멈추게 했다. 한쪽에서는 젊은이들이 무료로 제공되는 커피와 타코를 먹기 위해 줄을 서서 기다리고, 다른 한쪽에서는 디제이의 음악에 맞춰 몸을 흔들고 있었다. 예배가 시작되자 수백 명의 젊은이들이 마치 공연장에 입장하듯이 줄을 서서 화려한 조명과 흥겨운 음악이 흘러나오는 예배당 안으로 들어갔다. 찬양이 시작되자 자유분방하던 분위기는 금세 하나님을 향한 열망으로 전환되었다. 천여 명이 들어갈 수 있는 예배당이 세상 문화에 열광할 것 같은 젊은이들로 가득 차 하나님을 향해 뛰며 찬양하는 모습을 상상해 보라. 예배는 불과 같이 뜨거웠다. 담임목사의 재치 있고 도전적인 말씀과 청중의 적극적인 반응은 물 흐르듯 자연스러웠다.

무엇보다도 이 예배의 압권은 청중을 복음으로 초대하는 시간이었다. 예수님을 더 알기 원하는 사람들이 있다면 일어서 달라는 요청에 수십 명의 젊은이들이 꼬리에 꼬리를 물고 일어섰다. 순간 예배당은 환호와 격려의 박수로 가득 찼다. 복음과 함께 새로운 삶을 살기로 결단한 젊은이들로 인해 그들은 축제의 찬양을 하나님께 올려 드렸다. 솔직히 예배 장면 하나하나가 필자에게는 큰 충격으로 다가왔다. 특별 집회나 주일 예배가 아닌 수요 예배에 천여 명이 넘는 젊은이들이 모인다는 사실 자체도 놀라웠지만, 교회의 강도 높은 문화적 수용과 그 에너지를 신앙적으로 변환시키는 능력은 다른 어떤 교회에서도 보지 못한 독특한 모습이었다.

그렇다면 과연 무엇이 이처럼 새롭고 특별한 에너지를 만들어 냈을까? 필자는 맥머너스 목사와의 인터뷰를 통해 교회의 생명력은 특별한 프로그램이나 전략에 있지 않다는 사실을 다시 한 번 확인할 수 있었다. 오히려 정형화된 프로그램이 없다는 것이 모자이크교회의 창조성과 예술성의 바탕이었다.

카테고리에 얽매이지 않는 선구자적 사역

모자이크교회는 카테고리에 얽매이지 않는 교회다. 어떤 사람은 젊은이와 비신자를 타깃으로 사역하는 모습을 보며 모자이크교회를 구도자 중심 교회seeker sensitive church 나 이머징 교회emerging church 로 분류하기도 한다. 그러나 모자이크교회는 정형화된 형식이나 특정한 틀로 규정되는 것 자체를 거부한다. 오히려 그들은 카테고리를 넘어서는 선구자적인 사역을 추구한다.

실제로 모자이크교회의 혁신적이고 급진적인 사역은 전통적 관점을 지닌 교회와 사람들에게 비판의 대상이 되기도 했다. 모자이크교회의 파격적이고 새로운 사역들을 받아들이기가 어려웠던 것이다. 그러나 시간이 지나면서 모자이크교회의 사역은 새로운 사역 모델로 재평가되고 있다. 멀티 사이트 교회를 최초로 시작했을 때도, 예배에 다양한 미디어와 영화, 드라마, 연극, 무용, 그림 등의 예술적 요소를 접목했을 때도 마찬가지였다. 이에 대해 맥머너스 목사는 자신의 목표가 사람들로부터 인정받는 것에 있지 않다는 사실을 강조했다. 그와 모자이크교회는 그저 하나님께서 주신 비전에 따라 새로운 사역을 시도하는 것에 가치를 두었을 뿐이라고 말한다. 그들은 비록 개척자의 길이 외롭고 힘들더라도 하나님이 창조하실 새 일을 위해 모험을 감행하는 것은 가치 있는 시도라고 믿는다.

비신자에게 맞춰진 사역

초창기 모자이크교회는 왜 나이트클럽을 예배장소로 선택했을까? 이는 필자가 맥머너스 목사를 만났을 때 제일 먼저 물었던 질문이다. 그는 망설임 없이 이렇게 되물었다. "그럼 다른 선택은 뭐죠?" 모자이크교회는 나이트클럽이라는 특정 장소를 찾은 것이 아니라, 비신자들이 가장 많이 모인 곳을 찾았을 뿐이라는 것이다. 비신자들이 많이 모여 있는 곳, 그래서 그들이 편하게 들어올 수 있는 공간을 찾았고, 그곳을 예수 그리스도의 임재로 거룩하게 하는 작업을 했다는 것이다. 모자이크교회는 세상을 향해 열려 있는 교회, 세상을 향해 찾아가는 교회가 되기를 원했다. 할리우드로 오기 전, 그들은 다양한 지역에 캠퍼스를 가진 교회였다. 미국의 부유층이 많이 모여 살기로 유명한 비벌리 힐스Beverly Hills 캠퍼스도 그중 하나였다. 그곳에서 매주 600여 명의 사람이 모여 예배를 드렸지만 맥머너스 목사와 그의 팀은 비벌리 힐스 캠퍼스를 닫기로 결정한다. 이유는 단 하나였다. 그 캠퍼스에는 비신자가 아닌 소비주의에 물든 기존 성도들이 모여들었기 때문이다.

안타깝게도 많은 교회가 비즈니스처럼 운영되고 있다. 맥머너스 목사는 마케팅과 소비주의에 편승해 교회를 알리고 브랜드화하여 기존 성도들을 끌어들이는 데 혈안이 된 모습이야말로 세속주의에 물든 기독교의 모습이라고 비평한다. 20~40대의 젊은 세대가 필요로 하는 것은 크고 화려한 건물이 아니라 살아계신 예수 그리스도의 참된 복음임을 기억해야 한다. 그들에게 살아있는 그리스도의 복음을 전할 수 있는가, 그 여정을 함께할 신앙 공동체를 만들 수 있는가가 핵심이다.

도시를 품고 세상에 충격을 주는 사역

모자이크교회의 주요 목표는 도시를 품고 변화시키는 것이다. 이들은 눈앞에 닥친 현실을 넘어 100년 후의 인류 역사를 어떻게 바꿀 것인가를 고민한다. 그들의 관심은 '끊임없이 변하는 세상 속에서 어떻게 예수 그리스도의 복음을 전할 것인가? 그리고 이 복음이 세상을 어떻게 바꿀 것인가?'에 있다. 이러한 고민 끝에 그들은 파격적이며 힘겨운 결단을 했다. 2년 전 모자이크교회는 8,000여 명의 성도가 모이는 교회였다. 그러나 교회를 캠퍼스로 나누어 독립시킨 후 300여 명의 성도만 데리고 할리우드로 이동한다. 이러한 모험을 한 이유는 오직 새로운 도시를 향한 비전 때문이었다. 그들은 미국과 세상 문화에 절대적인 영향력을 미치고 있는 할리우드를 복음으로 정복하겠다는 비전을 품고 있었다. 그리고 지난 2년간의 사역을 통해 그러한 비전이 어떻게 현실화될 수 있는지를 똑똑히 보여 주었다. 그 짧은 시간 동안 복음을 받아들이고 세례를 받은 성도가 무려 1,000여 명을 넘어섰다. 그리고 문신과 진한 화장을 하고 화려한 옷을 입은, 전혀 교회에 어울릴 것 같지 않은 수천 명의 젊은이가 교회 문턱을 넘어 오고 있다.

보통 주일 예배에 참석하는 회중의 8명 가운데 1명은 무신론자라고 한다. 그만큼 비신자의 비율이 높고, 그들이 부담 없이 문턱을 넘어 찾아오는 교회가 바로 모자이크교회이다. 이런 점에서 맥머너스 목사는 젊은 세대가 신앙에 관심이 없다는 가설은 잘못된 것이며 실상은 교회가 젊은이들을 포기하는 것이라고 말한다. 모자이크교회는 도시를 품고 변화시키겠다는 명확한 목적을 향해 나아간다. 참된 교회는 복음의 불모지를 향해 나아가야 한다. 또한 이를 위해 어떻게 복음으로 도시에 영향을 미칠 것인가를 고민하며 창조적인 방법을 찾아내야 한다. 이것이 바로 '선교적 교회'의 역할이다.

창조적, 예술적 사역

모자이크교회가 다른 교회들과 구별되는 점은 무엇보다 모든 사역에 깃들여져 있는 창조성과 예술성이다. 사람들은 모자이크교회에 많은 예술가가 모이기 때문에 그러한 사역이 가능하다고 말한다. 그러나 사실 원동력은 모자이크교회의 독특한 철학과 신념에 있다. 즉 그들은 모든 사람이 창조적인 예술가라는 신념을 공유한다. 맥머너스 목사는 최근 자신의 사상과 철학을 담은 책 『Artisan Soul』[8]을 출간했다. 이 책에서 그는 인간에게 부여된 창조성이 얼마나 본질적인 것인가를 밝히고 있다. 산업혁명과 대량생산의 효율성에 사로잡혀 기계화되기 이전의 인류는 모든 사람이 예술가였으며 하나님의 창조성이 부여된 인간은 원래 창조적 존재였다. 그러므로 이런 관점에서 제자란 그리스도 안에서 참 자유를 누림으로써 새로운 창조와 예술적 표현으로 하나님의 아름다움을 드러내는 사람이다.

이러한 신념 아래 모자이크교회는 초창기부터 영성을 예술의 형태로 이해하려고 노력해 왔다. 그들은 개인에게 감추어진 창조성을 깨우고 그것을 발휘할 기회와 공간을 만들어 주는 사역에 집중한다. 그래서 교회의 작은 소품부터 각종 장식과 의자, 책상, 가구, 그림, 조각, 예술 작품에 이르기까지 모든 것을 성도들이 만든다. 즉 이들이 함께하는 커뮤니티와 공간에서는 모든 것이 창조의 재료이며 예술 작품의 대상이 된다. 잠재력을 활용할 기회와 공간을 마련해 주고 그것을 표현하는 것이 문화가 되는 교회, 이것이 창조적 사역의 근간이 된 것이다.

더불어 여기에는 완벽을 추구하지 않는다는 매우 독특한 철학이 배어 있다. 완전하고 완벽한 것만을 강조하다 보면 예술적 작업은 소수의 사람만이 할 수 있는 영역이 되고 만다. 그래서 모자이크교회는 무언가 부족해 보이는 것, 미완성인 것을 의도적으로 강조한다. 중요한 것은 완벽한 작품이 아니라 예술적이고 창조적인 사역을 일구어 나갈 문화를 형성하는 일이기 때문이다. 모자이크교회의 이러한 정신은 매년 여름에 열리는 'MTN'이라는 수련회에서 잘 드러난다. 이 수련회에서는 7~800명의 젊은 아티스트가 3일간 합숙을 하며 예술과 창조에 대한 열정을 일깨운다. 다양한 세미나와 교육, 공동 작업을 하지만 여기서도 완성품을 만들지 않는다. 모자이크교회가 원하는 것은 완벽한 것이 아니라 모든 것에는 과정이 있다는 것, 그리고 모든 사람이 그 과정의 일원이라는 것을 깨닫게 하여 사람들이 적극적으로 자신의 잠재력을 개발시키도록 동기를 부여하는 것이다.

그 결과 모자이크교회에서는 늘 새로운 시도와 도전이 이어지고 있다. 따라서 모자이크교회의 예배를 하나의 정형화된 형태로 정의내릴 수 없다. 예배 때마다 하나님의 임재와 아름다움을 드러내기 위한 창조적이며 예술적인 시도가 다양한 사람들에 의해 지속적으로 행해지기 때문이다.

지도자의 선교적 삶과 리더십

교회의 문화와 사역은 지도자의 철학과 가치로부터 만들어진다. 모자이크교회의 창조성과 예술성은 담임목사인 맥머너스의 예술적 기질과 성향에서 기인한 것이 분명하다. 그러나 그 이면에 훨씬 더 근본적인 헌신이 있었음을 아는 사람은 많지 않다. 필자는 맥머너스 목사의 삶에 깃들어진 선교적 헌신을 보고 놀라지 않을 수 없었다. 무엇보다도 그는 지난 20년간 자신의 집에서 다른 사람들과 함께 사는 것을 주저하지 않았다. 모자이크교회에서 주요 사역을 감당하는 거의 모든 스태프는 일정 기간 맥머너스 목사의 집에서 함께 살았던 경험이 있다. 이 중에는 현재 모자이크교회의 목사로 섬기는 이들도 있다. 그중 한 목사는 예수님을 믿기 전에 다량의 코카인을 소지하다 붙잡혀 무기징역을 살았었다. 그런데 맥머너스 목사는 이 가정을 받아들여 돌봐주고 함께 살면서 예수님을 전했고, 결국 그는 충직한 목사가 되었다. 예술사역 creative art 을 담당하는 목사의 경우에는 몇 년간을 맥머너스 가족과 함께 살았을 정도다. 그들에게 사역은 일이 아니다. 성도들이 가족이기 때문이다. 이러한 헌신적 삶이 있기에 성도들은 전적으로 맥머너스 부부를 신뢰하고 사랑하며 자생적이고 유기적인 공동체를 만들었다.

    그런 측면에서 맥머너스 목사의 지도력은 철저하게 모델링에 기초한다. 구호와 상징을 통해 목표를 제시하고 그것을 향해 나아가게 할 뿐만 아니라 삶의 모범을 보고 따를 수 있도록 하는 것이다. 복음전도도 마찬가지다. 몇 해 전 갤럽의 조사에 따르면 모자이크교회는 약 80%의 성도가 삶 속에서 실제로 복음을 전하는 것으로 나타났다. 이 역시 맥머너스 목사의 영향이 크다. 맥머너스 목사는 주중에도 지속적으로 비신자들을 만나 복음을 증거하는 삶을 산다. 목사인 그가 누구보다 많은 비신자를 만나고 전도하는 것이다. 제도와 강단 뒤에 숨어서 전도를 회피하는 사람이 되고 싶지 않기 때문이다. 성도들 역시 맥머너스 목사가 평일에도 복음을 증거하기 위해 어떤 일을 하는지를 잘 알고 있다. 맥머너스 목사의 이러한 행동 때문에 성도들은 주일날 담임목사의 말을 신뢰할 수 있다고 입을 모은다. 모자이크교회를 만들어 가는 문화적 기반은 바로 지도자의 선교적인 삶과 헌신에서 우러나오는 리더십임을 부인할 수 없다.

모자이크교회의
사역 원리

첫째, 누구든지 품을 수 있는 포용적인 inclusive 공동체를 만들어라.

현대인들은 기술의 발전 덕분에 시간과 공간의 제한을 받지 않고 인터넷과 SNS를 통해 항상 누군가와 연결될 수 있는 시대를 살아간다. 그러나 역설적이게도 사람들은 이전보다 더욱 고독하며 심한 타인과의 단절을 경험하고 있다. 즉 현대인들은 역사상 그 어느 때보다 관계와 소속에 목마른 시대를 살고 있는 것이다. 그들을 품을 수 있는 공동체는 과연 어디에 있을까? 여기에 선교적 접촉점이 있다. 그리스도의 보혈은 모든 것을 포용하고 변화시킬 수 있다. 교회는 더욱 폭넓게 다양성을 인정하므로 여러 모습의 사람들을 품을 수 있어야 한다. 교회가 누구든지 있는 모습 그대로 존중하고 환영하는 공동체가 될 때 비로소 시대적 목마름을 채울 대안이 될 수 있을 것이다.

둘째, 창조성을 극대화할 수 있는 사역 문화를 조성하라.

모든 사람은 하나님께서 허락하신 고유한 은사와 재능을 소유하고 있다. 그러나 자기에게 주어진 재능을 발견해 하나님 나라를 위해 온전히 사용하는 사람은 매우 드물다. 제도와 구습에 막혀 창조적 사역이 제한된 교회는 현란한 세속 문화에 익숙한 젊은이들에게 더 이상 매력적인 곳이 될 수 없다. 그들에게 교회는 그저 고리타분하고 따분한 종교 집단일 뿐이다. 이 시대는 개방과 참여, 공유로 대변된다. 이러한 가치가 교회 내에서도 적용될 수 있도록 하라. 그리고 사람들을 격려하여 잠재된 재능을 사용할 수 있는 기회를 제공하라. 성도들의 상상력을 자극하고, 그들이 실패할 수 있는 공간을 만들어 주어야 비로소 교회는 의식과 제도의 틀로부터 벗어난 창조적 공동체가 될 수 있다.

셋째, 문화에 대한 이분법적 관점을 버리라.

전통적으로 교회는 이분법적 관점으로 문화를 이해해왔다. '성聖과 속俗'에 대한 철저한 구분은 일면 교회의 정통성을 보호하는 역할을 해왔지만, 문화적 경계가 무너져버린 현시대엔 그 구분마저 모호해져 버렸다. 오히려 지금은 사회와 문화를 향한 그리스도의 구속적 능력과 은혜에 대한 고찰이 더 깊이 요구되는 시대이다. 그리스도의 보혈이 어떤 문화도 구속할 수 있는 능력이 된다는 사실을 받아들일 수 있다면, 우리는 세상의 문화를 통해 창조주를 예배하고 세상 사람들과 소통할 수 있게 될 것이다. 오늘날 교회가 그리스도인을 위한 도피성이 되는 것에 만족해서는 안 된다. 오히려 세상을 향해 나아가는 선교적 전진기지가 되어야 한다.

넷째, 비신자를 대상으로 하는 사역을 하라.

교회가 문화적 체질을 바꾸고 창조성을 극대화하여 세상을 향한 선교적 전진기지가 된다는 것은 무엇을 의미하는가? 그것은 우리의 존재 이유와 사역의 초점이 세상을 향해 있음을 뜻한다. 안타깝게도 오늘날 많은 교회가 자기 울타리 안에 갇혀 세상을 향해 나아가지 못하고 있다. 이유는 단순하다. 교회가 존재하는 이유, 즉 잃어버린 영혼을 찾아 구원하는 열정을 상실했기 때문이다. 만약 교회의 존재 이유가 세상의 회복과 잃어버린 영혼의 구원에 있다면, 우리의 사역은 지금보다 훨씬 더 실험적이며 모험적이 되어야 할 것이다. 마치 하나님께서 인간을 구원하시기 위해 인간이 되셔서 이 땅에 오신 것처럼, 우리의 사역도 그만큼 파격적이고 급진적인 성격을 띠어야 할 것이다.

다섯째, 성령께서 이끄시는 리더십 구조를 구축하라.

인간이 중심이 된 조직은 언제나 분명한 한계를 드러낸다. 그러나 성령이 중심이 된 조직은 유기적이며 창조적이고 혁신적이다. 기억하라. 우리의 사역은 안정 대신 하나님 나라의 역동성을 추구해야 한다. 교회는 다만 하나님의 도구가 되어야 한다. 그러려면 인간의 왕관을 벗어야 한다. 두려움과 염려를 버리고 성령께서 이끄시는 리더십 구조를 구축할 수 있다면, 사역의 지평은 현재보다 훨씬 더 유연하게 확장될 수 있을 것이다.

홈페이지: mosaic.org

나가는 말

모자이크교회는 프로그램이 없는 교회이다. 특화된 전도 프로그램이나 훈련 프로그램도 없다. 친구를 데려오라거나 전도를 하라고 강요를 하지도 않는다. 그럼에도 불구하고 교회는 늘 복음을 알고 싶어하는, 영적으로 목마른 사람들로 붐빈다. 교회의 개방성과 역동성, 복음의 순전함과 능력이 사람들을 변화시키고, 그 변화가 다시 다른 사람들을 복음으로 초청하는 순환 구조를 가지고 있기 때문이다. '하나님께서 행하실 일에 대한 기대'가 조건 없는 포용과 사랑을 가능케 만들 뿐 아니라 창조성과 예술적 가치를 인정해주고 격려하는 문화를 형성하는 기틀이 되었다.

기억하라. 만약 자신이 속한 신앙 공동체가 창조적이며 예술적인 사역을 통해 갱신되기 원한다면 성령께서 자유롭게 일하실 수 있도록 문을 열어야 한다. 창조성이 꽃을 피울 수 있는 열린 문화, 표현할 수 있는 공간과 기회, 완벽하지 않더라도 시도 자체가 가치를 지닐 수 있는 문화, 그리고 그러한 가치를 자신의 사역에 적용하고 삶으로 살아낼 수 있는 목회자가 있는 공동체, 이것이 바로 창조적이며 아름다운 교회를 이루어 나가는 원동력이다.

MODEL 3

퀘스트교회
Quest Church

두 교회의
아름다운 동행
one day's Wages
세계 빈곤 문제
퀘스트재단
하나님 나라

사회정의 실현

쿼스트교회 Quest Church

교회와 정의의 문제

선교적 교회의 목표는 교회의 본질 회복에 있다. 그리고 그 본질의 중심에는 하나님 나라가 존재한다. 하나님 나라는 주님이 선포하신 메시지의 중심이자 복음의 핵심이기 때문이다.

"하나님의 복음을 전파하여 이르시되 때가 찼고 하나님의 나라가 가까이 왔으니 회개하고 복음을 믿으라 하시더라." 막 1:14b-15

사실 성경은 '하나님의 주권적 통치'가 행해지는 하나님 나라는 예수 그리스도의 오심과 함께 이 땅에 시작되었으며, 성도는 '이미와 아직' already but not yet 의 긴장 가운데 살고 있는 나그네라고 증거한다. 따라서 성도의 임무는 이 땅에 하나님 나라를 실현하는 것이다.

그렇다면 하나님 나라는 어떻게 이루어지는 것일까? 주님께서는 제자들에게 다음과 같이 명확하게 말씀하셨다. "그런즉 너희는 먼저 그의 나라와 그의 의를 구하라"마 6:33a. 그의 백성들이 의righteousness와 정의Justice를 구하며 살 때 "…뜻이 하늘에서 이루어진 것 같이 땅에서도 이루어지이다"마 6:10라는 기도가 실제로 이루어진다. 이런 관점에서 하워드 스나이더Howard Snyder는 제자의 삶은 하나님의 다스리심이 분명히 드러나도록 하기 위해 '하나님 나라의 정의를 추구하는 삶'이라고 묘사했다.[1] 톰 라이트N. T. Wright 역시 동일한 맥락에서 그리스도를 따르는 삶에 대해 다음과 같이 말했다. "우리가 복음에 순종하고자 한다면, 우리가 진정으로 예수를 따르는 자들이라면, 그리고 우리 안에 성령이 거하심으로 성령으로부터 힘을 얻고 성령의 인도를 받는다면 우리가 할 수 있고 해야만 하는 일은 바로 그 나라를 위해서 일하는 것이다."[2] 그렇다면 이러한 삶의 조건은 무엇일까? 라이트는 그 첫 번째 조건이 '정의'의 문제로 귀결된다고 밝혔다. 물론 이것이 과거 '사회복음'social gospel으로의 회귀를 의미하는 것은 아니다. 이것은 하나님의 사랑과 정의가 이 땅에 임하도록 살아야 한다는 사명의 발로요, 그리스도를 향한 충성이다.

이러한 측면에서 현재 미국사회에 '정의'라는 이슈로 선한 영향력을 미치고 있는 유진 조Eugene Cho 목사와 퀘스트교회Quest Church의 사역을 살펴보는 것은 의미 있는 일이다. 그의 사역에서 영혼구원과 사회정의 실현의 균형을 찾아볼 수 있기 때문이다.

퀘스트교회의 시작

퀘스트교회는 미국 워싱턴 주 시애틀 시 Seattle, Washington 에 위치한 다문화, 다민족, 다세대 교회이다. 담임목사는 여섯 살에 부모와 함께 미국으로 건너온 한인 2세인 유진 조 목사이다. 그가 어린 시절을 보낸 샌프란시스코 San Francisco 는 미국에서도 가장 다양한 문화와 인종이 얽혀 사는 곳이었다. 그럼에도 그가 소수 민족의 한 이민자로서 겪어야 했던 '소외'와 '다름'의 경험은 자신과 같은 약자와 소외된 자들에 대한 사랑과 연민을 키우는 계기가 되었다.

교회의 시작은 여느 교회와 다름없이 작고 미약했다. 한 가정집의 거실에서 모이던 소수의 주중 성경공부 모임이 성장하면서 자연스럽게 주일 모임으로 전환되었다. 그리고 2001년 10월, 당시 '인터베이언약교회' Interbay Covenant Church, ICC 로 불리던 교회의 창고를 빌려 퀘스트교회의 공식 사역이 시작되었다.

교회 통합과 변혁

퀘스트교회의 성장은 기대하지 않았던 협력자와 파트너가 있었기 때문에 가능했다. 그 파트너는 바로 교회 건물을 임대해 준 '인터베이언약교회' ICC 였다. ICC는 50년 이상의 역사와 전통을 가진 백인 교회로 한때 성장과 부흥을 경험하며 지역 사회에 선한 영향력을 끼치던 교회였다. 그러나 많은 미국 교회들이 경험했던 것처럼 교회 내에 젊은이들이 사라지면서 교회는 급속히 노화되어 갔다. 그렇다고 해서 이 교회의 정신까지 약화된 것은 아니었다. 2001년 퀘스트교회가 창고 건물에 입주하자 이듬해인 2002년 이 교회는 30만 달러의 기금을 들여 건물을 개조한 후 퀘스트교회에게 내주었고, 이것을 시작으로 두 교회의 아름다운 동행이 시작되었다. 6년이 지난 2007년, 그들은 마침내 투표를 통해 퀘스트교회와의 통합을 결의하고 건물을 완전히 넘겨주기에 이른다.

이 사건의 시작은 ICC 설립 50주년 기념예배를 통해 가시화되었다. 담임목사였던 레이 바텔Ray Bartel은 'alive in 2055'라는 제목으로 교회의 50년 후를 내다보며 말씀을 전했다. "아마도 그때에는 현재의 교회 건물이 여기에 없을 수도 있습니다. 교회의 이름마저 달라질지 모릅니다. 그러나 이런 것들은 일시적인 것에 지나지 않습니다. 우리는 단지 새롭게 다가올 50년 동안 또다시 지역 공동체에 선한 영향력을 끼치기 원합니다. 그러기 위해서는 변화에 열려 있어야 합니다. 그런데 이를 위한 변화는 우리에게 하나님 나라 중심의 가치관을 요구합니다."[3]

레이 목사의 메시지는 곧 현실이 되었다. 그들은 퀘스트교회의 젊음과 신선함, 그리고 복음으로 도시를 섬기고 사랑하는 역동적 사역에 주목했다. 레이 목사는 이렇게 고백했다. "우리는 다음 세대와 연계되어 이미 영향력 있는 사역을 하고 있는 그들에게 우리의 시설과 자원을 더해 주기를 원했습니다."

물론 합병에 대한 거부감도 있었지만, 두 교회가 하나 될 때 얻을 유익이 더 많았다. 퀘스트교회는 외적인 시설과 자원뿐 아니라 윗세대들과 신앙적 뿌리를 공유할 수 있는 기회를 얻게 되고, ICC는 다음 세대에도 지속적으로 영향력 있는 사역을 이어갈 수 있게 되었다. 결국 미래를 향한 비전은 여러 장애와 어려움에도 불구하고 두 교회가 결단을 내리도록 만들었다. ICC는 은행 빚이 전혀 없는 교회 건물 모두를 퀘스트교회에 넘겨주었을 뿐만 아니라 36살의 한인 2세인 유진 조 목사를 담임목사로 맞이했다. 더 놀라운 일은 ICC의 담임목사였던 레이 목사가 합병된 교회의 부목사가 되었다는 점이다. 사실 합병 후 61세의 담임목사가 36살의 젊은 목회자를 자신의 자리에 앉히고 물러나는 것도 어려운 일이지만, 스스로 그 교회의 부목사가 되어 섬기는 모습은 선례를 찾기조차 힘들 만큼 드문 일이었다. 그러나 레이 목사는 교회의 미래를 위해 스스로 담임목사직을 내려놓았다. 그리고 유진 조 목사의 요청에 따라 부목사로 교회 사역을 돕게 되었다. 이후 8년의 세월이 지났다. 그들은 어떻게 되었을까? 놀랍게도 그들의 아름다운 동행은 오늘도 계속되고 있다. 유진 조 목사는 레이 목사의 경험과 은사, 그리고 그가 쌓아온 목회적인 경륜과 겸손을 높이 사고 깊이 존중하고 있으며, 레이 목사 역시 유진 조 목사의 목회적인 은사와 열정, 헌신에 대해 깊은 존경과 지지를 보내고 있다.

이러한 협력이 퀘스트교회의 변화와 성숙에 동력이 되었다. 20대의 아시아인이 주류를 이루고 그중 80%가 싱글로 구성되었던 퀘스트교회는, 소수이지만 50대 이상의 백인이 주류를 이루는 교회와 결합되면서 다양한 실험을 시도했다. 그리고 이들이 만들어낸 시너지효과로 인해 교회는 빠른 속도로 다인종, 다문화, 다세대가 모이는 공동체로 변모했다. 현재 퀘스트교회는 약 7-800명의 회중이 모이는 중대형교회로 성장했으며, 아시아인 40%, 백인 40%, 흑인과 히스패닉 20%가 모이는 역동적이고 균형 잡힌 교회로 발돋움했다.

미국의 주류 언론들도 두 교회의 통합을 비중 있게 다루었다. 특히 세대와 문화가 극명하게 다른 두 교회가 합쳐질 때 발생되는 여러 가지 문제들과 이를 극복하는 과정, 더불어 그로 인한 놀라운 결과들을 집중 조명했다. 무엇보다 이토록 아름답고 새로운 도전이 성공적인 열매를 맺을 수 있었던 것은 하나님 나라의 관점에서 더 큰 그림을 보고 자신을 내려놓은 겸손과 희생이 있었기에 가능했다. 그리고 세상도 이 사실에 주목했다.

Q 카페[4]

Q카페는 비영리 커뮤니티 카페로서 지역의 진정한 이웃이 되기 위해 시작되었다. 비신자인 이웃에게 문턱을 낮추기 위해 카페는 종교적 색채를 철저하게 배제했다. Q카페에서 제공되는 커피와 샌드위치, 케이크와 다양한 빵들은 최고의 맛과 수준을 자랑한다. 뿐만 아니라 이곳은 지역 문화 활성화에도 기여하고 있다. 각종 연주회, 파티, 예술 활동이 Q카페를 기반으로 기획되고 열리고 있다. 유명한 뮤지션부터 지역의 언더그라운드 뮤지션에 이르기까지 다양한 음악 콘서트가 이곳에서 정기적으로 열리고 있다. 특히 매주 화요일 저녁에는 오픈 마이크 Open Mic 라는 프로그램을

통해 시애틀 전역에서 초청된 뮤지션들이 공연을 한다.

사실 카페 사역은 한국 교회들도 많이 하고 있다. 그러나 대부분의 카페가 교회의 부속 기관처럼 운영되고 있기 때문에 지역 주민의 삶 깊숙이 파고들지 못하고 있다. 하지만 Q카페는 종교 색을 배제하고 최고 수준의 환경과 문화 활동을 제공하면서 지역 공동체와 활발히 소통하고 있다.

브리지 케어 센터 The Bridge Care Center, BCC

브리지 케어 센터는 노숙인을 돕기 위해 세워진 비영리 센터이다. 2013년 한 해 동안 BCC를 통해 도움을 받은 사람의 수는 무려 1,300여 명이 넘었다. 이는 2012년의 두 배가 넘는 숫자로, 그만큼 이 사역의 영향력은 확대되고 있다. BCC는 집을 잃고 거리나 자동차, 임시 거주지에 머무는 사람들을 돕는데 그들이 현재의 상황에서 벗어날 수 있도록 다양한 기관과 협력하여 사역하고 있다. 노숙인에게 음식과 필요한 물품을 제공하는 것도 중요하지만 장기적으로 볼 때 이는 문제의 근본적인 해결책이 아니기 때문이다.

BCC 사역의 특징 중 하나는 센터 사역이 교회 내부가 아닌 외부에서 이루어지고 있다는 점이다. 그 이유는 노숙인들이 교회에서 쉽게 받아들여지고 환영받는 환경을 조성하기 위해서이다. 노숙인도 존엄한 인간으로 대할 때 비로소 깊이 있는 관계로 발전할 수 있기 때문이다. 이처럼 퀘스트 교회는 지역의 신실한 친구이자 이웃이 되어 연약한 자들을 대변하고 돕기 원한다. 그리고 그들의 삶에 참된 변화가 일어날 것을 꿈꾼다. 브리지 케어 센터 사역은 실제적인 대책을 마련하는 관리, 진정한 돌봄, 그리고 강한 관계 확립을 통해 노숙인들에게 희망과 사랑을 전하는 값진 사역을 감당하고 있다.

ONE DAY'S WAGES와 사회정의

퀘스트교회는 그 자체로도 매우 의미 있고 영향력 있는 사역을 감당하고 있지만, 무엇보다 유진 조 목사에 의해 설립된 One Day's Wages라는 기관을 통해 미국 사회에 알려졌다. ODW는 전 세계 극빈자의 빈곤 문제를 돕고 해결하기 위해 설립된 기관으로 사역 원리는 매우 간단하다. 자신의 하루 일당을 기부함으로써 세계의 가난을 경감시키고 희망을 주는 사역이다. 단순하지만 실효성 있는 접근이 많은 사람의 마음을 움직였고, 현재는 사회적으로 큰 파장을 일으키고 있다. 이 사역을 통해 유진 조 목사는 시애틀에서 건강하게 성장하고 있는 한 지역 교회의 목회자에 머무르지 않고, 미 전역에 하나님 나라의 정의와 기독교인의 사회적 책임을 일깨우는 역할을 감당하게 되었다. 단순한 원리로 시작된 ODW 사역이 어떻게 이렇게 짧은 기간에 큰 영향력을 미치는 운동이 될 수 있었을까? 거기에는 유진 조 목사의 비전과 헌신, 그리고 삶의 모범이 있었다.

세계 빈곤 문제에 대한 인식과 역사의식

유진 조 목사가 세계 빈곤 문제를 직접적으로 인식하게 된 계기는 미얀마의 정글 지역에 설립된 임시 학교 방문 때문이었다. 정글에 세워진 학교는 열악했다. 수십 년을 사용해 온 나무 책상과 의자들, 깊숙이 파인 홈집으로 뒤덮인 칠판 등 모든 것이 최악이었다. 그러나 교실 안에서 특히 그의 주의를 끈 것은 칠판 위에 붙어 있던 한 장의 포스터였다. 끔찍하게도 포스터에는 팔다리가 잘린 남자와 여자, 그리고 아이들의 사진이 있었다. 학교와 어울리지 않는 끔찍한 포스터를 주목했을 때, 그는 곧 그것이 '지뢰' 사고에 관한 포스터임을 알게 되었다. 그 포스터가 칠판에 붙어 있었던 이유는 아이들에게 지뢰를 피하는 방법을 가르치기 위해서였다.

그곳은 미얀마 군사 정부의 만행을 피해 도망친 사람들로 이루어진 난민촌이었다. 정부의 공격이 있을 때면 언제든지 짐을 싸 도망을 가야 할 형편이었다. 그런 절망적인 상황 가운데서도 그들은 새로운 세상을 향한 꿈과 희망을 품고 있었다. 그 모습에 감격한 유진 조 목사는 그들에게 지금 당장 가장 필요한 것이 무엇인지를 물었다. 그런데 그들의 대답은 놀랍게도 돈도, 음식도, 물질적 원조도 아닌 학교와 교사였다. 자녀들을 교육하기 위해서는 학교와 교사가 필요한데 그들에게는 교사에게 줄 급여조차 없었다. 당연히 교사들은 더 좋은 조건을 찾아 떠났다. 유진 조 목사는 교사의 월급이 얼마인지를 물었다. 그들은 "40달러"라고 대답했다. 유진 조 목사는 "하루 일당이 40달러입니까?"라고 되물었다. 그러자 고개를 흔들며 '일 년 치' 봉급이 40달러라고 답했다. 이 일은 세계 빈곤 문제에 대한 유진 조 목사의 생각을 바꾸는 계기가 되었다. 서구 사회에서는 한 사람의 일당에도 미치지 못하는 40달러가 가난한 지역에서는 세상을 바꿀 원천이 될 수 있다는 각성과 함께 ODW운동이 시작되었다. 우리가 지금 무언가를 해야 한다는 사실, 그리고 어떤 거창한 행동이 아니라 관심과 사랑에서 우러나온 작은 행동이 극심한 빈곤에 처한 사람들의 고통을 경감시켜 줄 수 있다는 사실이 새로운 모험을 시작하게 한 원동력이 되었다.

이와 더불어 유진 조 목사의 사역에 영향을 준 것은 한국인으로서의 역사인식이었다. 어린 시절 정체성의 혼란을 겪으면서 유진 조 목사는 자연스럽게 자신의 뿌리에 대해 관심을 갖게 되었다. 그리고 한민족의 역사를 추적하면서 고통과 질곡의 역사 속에 드러난 하나님의 섭리와 이름 없이 자신의 삶을 드린 수많은 선교사의 헌신을 발견했다. 한국은 복음에 빚진 민족이었다. 그는 이제 받은 은혜를 돌려주어야 할 때라고 느꼈다. 이것이 그가 세계 열방을 향해 ODW 사역을 시작하게 된 또 하나의 이유였다.

희생과 헌신을 통해 뿌려진 씨

엄밀히 말해 ODW운동은 기존의 다른 기관에서 하는 사역에 비해 특별한 것이 없을 수도 있다. 전 세계적으로 볼 때 훨씬 더 규모가 크고 유명한 사역을 감당하는 기관들이 많기 때문이다. 그러나 사람들이 ODW운동을 주목하는 이유는 무엇일까? 무엇이 ODW운동을 특별하게 만들었을까?

유진 조 목사는 이에 대해 매우 간단하고 명확하게 대답한다. 탁월한 행정이나 독특한 마케팅, 혹은 사역의 가치를 홍보하는 브랜딩 전략이 아니라 '삶에서 우러나온 진실하고 감동적인 이야기' 때문이라는 것이다.

유진 조 목사의 삶의 철학은 '내가 하지 않는 것을 다른 사람에게 하도록 요구하지 않는다'는 것이다. 즉 '말하는 대로 살고, 사는 대로 말하라'Live what you say, Say what you live는 것이 그의 삶의 철학이다. ODW 운동의 시작도 마찬가지였다. 극도의 가난으로 고통 받고 있는 사람들을 만난 후 그의 마음은 깨지도록 아팠다. 그리고 바로 지금 무언가를 해야 한다는 강한 책임감을 느꼈다. 가족들과 그런 마음을 나누며 기도하던 중 그는 자신의 1년 치 연봉을 먼저 ODW운동에 드리라는 감동을 받았다. 세 명의 자녀를 둔 평범한 목사 가정이 68,000달러를 한꺼번에 드린다는 것은 결코 쉬운 일이 아니었다. 그러나 그와 가족은 성령께 순종하기로 작정했다. 그래서 3년 동안 돈을 모아 1년 치 연봉에 해당하는 금액을 헌금으로 드리기로 결단했다.

물론 그 여정은 결코 쉽지 않았다. 소비를 줄이고 생활을 최대한 간소화했다. 집안에 돈이 될 만한 물품들을 내다 팔고, 자녀들은 피아노 레슨과 운동 캠프를 중단해야 했다. 그렇게 3년 동안 악착같이 절약하며 돈을 모았다. 그러나 약속된 기한이 다가오는데도 여전히 10,000달러의 돈이 부족했다. 인간적으로 매우 실망스럽고 힘이 빠질 수밖에 없는 상황이었다. 할 수 없이 조 목사의 가족은 특단의 조치를 취했다. 집을 빌려 주고 그 돈으로 나머지 기금을 채우기로 한 것이다. 놀랍게도 렌트는 순식간에 이루어졌다. 온라인에 광고를 올리자마자 마치 기다리고 있었다는 듯이 입주하겠다는 사람이 나타났다. 그들은 문자 그대로 48시간 만에 몇 가지 필수품만 챙겨 피난 가듯 집을 떠나야 했다.

이때부터 10주 동안 유진 조 목사 가정은 친구 집을 전전하면서 나그네 같은 생활을 해야만 했다. 이곳저곳 옮겨 다니면서 때로는 게스트 룸에서, 거실에서, 소파와 침낭에서 잠을 자야 하는 불편한 생활이 계속됐다. 한 가정의 가장으로서 유진 조 목사는 실패자처럼 느껴지기도 했다. 그의 결단과 행동은 상식적으로 쉽게 이해할 수 있는 일이 아니었다. 부끄럽고 창피한 마음이 들기도 했다. 그러나 이 시간은 하나님의 섭리 안에 있었다. 조목사의 가족은 이 시간을 통해 자신을 낮추고 겸손케 되는 것이 무엇인지 배울 수 있었다. 그 시기에 유진 조 목사는 다음과 같은 성령의 음성을 들었다. "유진, 너는 필요한 모든 것을 가지고 있단다. 믿음과 교회, 사랑하는 아내와 자녀들도 있지. 그거면 충분하지 않니?" 모든 과정을 되돌아보면서 유진 조 목사는 이렇게 고백했다. "처음에는 하나님께서 이 일을 통해 세상을 바꾸기 원하시는 줄 알았습니다. 그러나 사실 이 모든 일은 우리를 바꾸시려는 하나님의 섭리였습니다."

열매와 지속되는 이야기

한 가족의 희생과 헌신이 하나의 울림이 되어 사람들에게 전해졌다. 그러자 여기저기서 ODW의 설립 취지와 사역에 반응하기 시작했다. 작은 기적을 만드는 운동이 시작된 것이다. 불과 몇 년 만에 250만 달러 이상의 돈이 모였다. 그러나 금액보다 값진 것은 이름 없이 동참한 수천, 수만의 사람들이다. 자신의 하루 일당One Day's Wages이 세상을 변화시킬 수 있다는 구호가 사람들의 마음을 움직인 것이다. 그중 유진 조 목사가 기억하는 가장 의미 있는 기부금은 타일러Tyler라는 소년이 드린 73달러의 '교육기금'이었다. 크지 않은 금액이지만, 16살의 고등학생인 소년은 그 돈을 모으기 위해 하루 종일 샌드위치 가게에서 일을 했다. 돈과 사연을 받은 조 목사는 감격의 눈물을 흘렸다. 바로 그 소년의 행동 안에 그들이 꿈꾸며 그렸던 사역 철학이 고스란히 담겨 있기 때문이었다. 기억에 남는 또 다른 기부자는 열여섯 살의 월리Wylie라는 소년으로 '맑은 물 캠페인'clean water campaign을 위해 3,200마일이 넘는 미국 대륙을 자전거로 달렸다. 월리는 자신의 도전과 신념을 학교와 교회, 지역 미디어와 언론사에 적극적으로 알렸다. 많은 사람이 그의 시도가 불가능할 뿐 아니라 미친 짓에 가깝다고 생각했다. 그러나 월리는 자전거를 타고 거친 대륙을 달려 마침내 미 대륙 횡단에 성공했고 목표인 10,000달러의 금액을 모아 기부했다. 플로리다에서 사역하는 한 중·고등부 사역자는 인신매매 근절을 위해 월급의 절반을 기부해 왔다. 이 같은 기부자들의 이야기는 오늘도 지속되고 있다. 행동은 말보다 크게 말한다. 세상이 직면한 빈곤과 아픔을 보고 깨어진 마음으로 드린 한 가정의 희생이 큰 울림이 되어 사람들의 생각과 행동을 바꾸는 씨앗이 되었다. 미미해 보이는 작은 행동 하나가 세상을 바꾸는 힘인 것이다.

ODW 사역은 현재 진행형이다. 무엇보다 설립자인 유진 조 목사 가족의 희생과 헌신은 아직도 진행 중이다. 그들은 앞으로 5년 동안 십만 달러를 기부하기로 공포했다. 자신이 할 수 없는 것을 다른 사람에게 요구할 수 없다는 유진 조 목사의 신념 때문이다. 처음 자신의 연봉을 드리기 위해 감수해야 했던 수년간의 불편함이 이제는 그의 생활 방식이 되었다. 이들의 삶의 방식은 사람들에게 큰 도전이 되고 있다.

세상 밖으로

퀘스트교회는 끊임없이 성도들을 세상으로 내보내기 위해 노력한다. 퀘스트재단Quest Foundations이 그 좋은 예이다. 개척 때부터 교회는 모든 헌금의 10%를 떼어 재단을 위한 기금을 만들었다. 돈은 세계선교재단, 지역공동체개발재단, 교회개척재단, 미래 사역을 위한 투자 기금으로 균등하게 나뉘어 적립된다. 특이한 것은 이렇게 적립된 기금은 오직 성도들에 의해서만 사용될 수 있다는 점이다. 이 기금은 성도들 중에 하나님께로부터 받은 비전이나 아이디어가 있을 때 그 사역을 돕기 위해 사용된다.

일례로 얼마 전 60대가 넘은 성도 몇 명이 미얀마 난민에 대한 마음과 비전을 품고 유진 조 목사를 찾아왔다. 그들은 난민 캠프를 돕고 그곳에 교회를 설립하여 복음을 전하기 원했다. 교회는 기쁨으로 그 사역을 돕기 원했고, 그들이 매주 난민 캠프에 가서 사역할 수 있도록 기금 사용을 허락했다. 이 기금은 이처럼 탄자니아에 학교를 짓는다거나 다른 노숙자 센터에 필요한 자원을 구입하는 등 성도들이 사회 변화를 위해 사역할 수 있도록 돕는 일에 쓰이고 있다.

교회는 소그룹을 통해 세상을 향한 사역이 구체적으로 실현될 수 있도록 성도들에게 기회를 제공하고 자극한다. 예를 들어 교회는 소그룹별로 200달러씩을 주고 그 돈으로 이웃을 섬기는 사역을 계획해 보라고 했다. 그러자 놀랍게도 이 적은 돈이 소그룹을 통해 너무도 의미 있게 사용되었다. 어떤 그룹은 한 회사와 연계해서 자원이 필요한 학교를 돕기도 하고, 어떤 그룹은 시애틀 시로부터 기금을 받아 환경이 열악한 지역에 나무를 심기도 했다. 이처럼 성도들을 믿고 기회를 제공하면 그들은 훨씬 더 창조적이고 다양한 방법으로 지역 공동체를 섬길 수 있다.

이러한 섬김은 성도 개인의 삶으로 이어진다. 성도 스스로 관찰과 보호가 필요한 위탁 아동들을 찾아가 돌보기도 하고, 다양한 곳에서 온 난민들을 돕는 봉사를 하기도 한다. 교회를 넘어 지역과 이웃, 노숙자, 난민, 타 인종을 위해 사역하는 성도들이 늘어가면서 교회는 지역 사회에 하나의 문화이자 특성이 되어가고 있다.

많은 교회가 교회를 성장시키는 일에 매진하는 가운데 성도들을 선교사로 세상에 파송하는 퀘스트교회의 사역은 매우 감동적이다. 이에 대해 조 목사는 다음과 같이 말한다. "우리는 퀘스트교회를 위해 사역하는 것이 아닙니다. 우리는 이 교회를 통해 하나님 나라를 만들기 위해 사역하는 것입니다." 우리의 목표이자 사명은 이 땅에 하나님 나라를 만들어 가는 것이다. 또한 하나님 나라를 위한 헌신은 성도들이 자기 자신을 넘어 세상 밖으로 나아가게 하는 힘이다.

퀘스트교회의
사역 원리

첫째, 협력사역을 통해 세상을 섬길 방법을 찾으라.

한 교회가 혼자 힘으로 지역과 도시를 품고 사역하는 것은 매우 어려운 일이다. 뿐만 아니라 사회를 변화시키는 사역은 혼자만의 노력으로 될 수 없다. 진정 지역과 사회를 효과적으로 섬기고자 한다면 다른 교회, 기관, 정부 등과 협력해야 한다. 물론 그러한 협력은 하루아침에 이루어지지 않는다. 사람들이 알아주지 않더라도 도시에 관심을 기울이고 작은 일부터 묵묵하게 찾아서 돕다 보면 협력은 자연스럽게 이루어질 것이다.

둘째, 교회 내부의 자원을 인식하고 활용하라.

사실 교회에는 수많은 인적 자원이 모여 있다. 교사, 기업가, 기술자, 예술가, 미디어 전문가 등 세상에서 자기 영역을 가지고 영향력을 미치는 사람이 많이 있다. 또한 이들은 다른 수많은 자원과 이미 연결되어 있는 사람들이다. 교회의 입장에서 보면 이들 자체가 창조적인 사역의 자원이자 세상과의 연결고리이다. 따라서 교회는 이들이 세상 속에서 자신의 재능과 네트워크를 활용하여 더 적극적으로 선교적인 삶을 살도록 격려해야 한다.[5]

셋째, 지속적으로 행하라.

교회는 성도들이 지역 공동체와 도시에 가장 필요한 것이 무엇인지를 끊임없이 묻도록 만들어야 한다. 또한 그중에 교회와 소그룹이 할 수 있는 일은 무엇인지를 고민하도록 해야 한다. 그리고 교회가 할 수 있는 일을 찾아내어 행함까지 이어지도록 해야 한다. 더불어 지역 사회를 위한 사역들을 꾸준히, 오랫동안, 깊이 있게 감당하는 것이 무엇보다 중요하다. 사역의 크고 작음보다 지속성이 훨씬 큰 신뢰감을 준다. 그리고 나머지는 하나님의 몫이다.

넷째, 교육과 훈련이 일상의 삶에서 실현될 수 있도록 가르치고 격려하라.

선교적 교회는 성도가 선교를 실천하는 주체가 될 때 참된 의미를 가진다. 즉 성도 각자가 삶의 현장에서 하나님의 정의가 실현되도록 살아내는 것이 중요하다. 그리고 교회는 성도들이 그러한 삶을 살도록 끊임없이 가르치고, 훈련하고, 격려해야 한다.

홈페이지: seattlequest.org

나가는 말

퀘스트교회는 복음에 기초한 건강하고 균형 잡힌 신앙 공동체이다. 이것이 급속도로 변화되는 미국의 도시 환경 속에서 지속적으로 성장할 수 있었던 비결이다. 복음을 전하기도 전에 비본질적인 것들을 붙잡고 씨름하는 교회들과 달리 퀘스트교회는 복음 자체에 충실하려고 노력한다. 그리고 그 바탕에는 교회를 이끌어 가고 있는 담임목사의 건강한 목회 철학과 헌신적 삶이 있었다.

MODEL 4

드림센터
Dream Center

스무 살의 꿈
아무도 원하지 않는 사람들
24시간 잠들지 않는 교회
찾아가는 교회
떨어진 범죄율
사회적 책임

지역 섬김

드림센터[1] Dream Center

24시간, 주 7일, 지역 공동체를 위해 존재하는 교회!
결코 잠들지 않는 교회!
사람들의 모든 필요를 채워주는 교회!

위의 내용은 스무 살의 젊은 목사였던 매튜 바넷Mathew Barnett이 하나님 안에서 품은 꿈과 비전이었다. 그로부터 20여 년이 지난 오늘, 그의 꿈은 현실이 되었다. 지역 공동체를 변화시키는 교회Community Transformation Churches의 모델이 된 드림센터Dream Center는 사역에 새로운 패러다임을 제시해 주고 있다. 현재 드림센터는 매년 수천 명의 자원봉사자가 몰려와 훈련을 받고 섬김을 실천하는 사회봉사 기관이 되었다. 또한 그 사역을 경험하고 영향을 받은 사람들이 전국으로 흩어져 130여 개가 넘는 드림센터를 설립하면서 지역을 변화시키는 운동으로도 발전하고 있다. 과연 이렇게 위대한 사역을 일으킨 원동력은 무엇일까?

교회의 시작

드림센터Dream Center는 로스앤젤레스Los Angeles에서 가장 위험하고, 빈곤층이 많이 모여 사는 지역 중 하나인 에코 파크Echo Park에 자리 잡고 있다. 1994년 스무 살의 청년이었던 매튜 바넷은 하나님의 부르심에 응답해 애리조나에서 LA로 이주했다. 그의 첫 사역지는 아주사 부흥운동이 일어났던 벧엘 교회Bethel Temple였다. 당시 교회는 노인 몇 명만이 남아 겨우 명맥을 유지하는 형편이었다. 그러나 그의 가슴속에는 "LA에도 위대한 교회가 필요하다!The city of Los Angeles needs a great church!"는 원대한 꿈이 있었다. 매튜는 미국에 성령의 불을 일으킬 새로운 교회a new kind of church를 설립하겠다는 꿈을 붙잡고 야심차게 사역을 시작했다. 하지만 그의 꿈은 시작과 함께 철저한 실패에 직면하고 말았다. 교회는 성장하지 않았고, 모든 것은 엉망이 되어갔다. 답답한 마음에 눈물로 밤을 지새우기 다반사였다. 사역을 시작하고 6개월이 지났을 때 그의 사역에 가장 큰 위기가 찾아왔다. 함께 사역을 시작했던 동역자들이 교회를 떠나겠다는 통보를 한 것이다. 깊은 상실감과 좌절감이 찾아왔다. 눈물이 멈추지 않았다. 그 상황에서 그가 할 수 있는 것은 하나님 앞에 절규하는 것뿐이었다. 그러나

기도하는 중에 그의 외침은 변하기 시작했다. 절망과 슬픔 대신 하나님이 부어주신 강력한 의지의 고백을 선포했다. "I will not give up! I will not give up!" 그렇게 기도한 지 3시간이 지난 후, 그는 이상하리만큼 새로워진 마음을 느꼈다. 그는 눈물을 닦고 더욱 단단해진 마음으로 사역에 복귀했다.

세상과 지역 공동체를 향해

이러한 과정을 통해 하나님은 매튜 자신이 지역 공동체의 일원이 되어 사람들과 섞여야 한다는 진리를 깨닫게 하셨다. 이후 그는 사람들이 교회로 찾아오기를 기다리는 대신 스스로 사람들을 찾아가기로 결심했다. 멕시칸 식당으로, 중국 타운으로, 공원으로, 카페로 그는 쉬지 않고 이웃들이 살고 있는 세상 속으로 들어갔다. 밤낮으로 이웃의 집을 방문하고, 그들이 먹는 음식을 함께 먹고 교제를 나누면서 지역 주민들의 문화를 배웠다. 그리고 점차 지역 공동체에 접근하는 방식에 눈을 뜨기 시작했다.

이러한 그의 노력과 더불어 교회는 점차적으로 성장하기 시작했다. 물론 대부분의 성도는 거리의 노숙자들과 도움을 필요로 하는 가난한 사람들이었다. 매튜와 그의 스태프들은 지역 공동체를 위한 사역을 구체적으로 행동에 옮겼다. 배고픈 사람들을 먹이고, 이웃을 위한 블록 파티 block party 를 열고, 길거리 농구 대회를 개최했다. 추수감사절에는 터키를, 크리스마스에는 정성스런 선물을 포장해서 이웃 주민들에게 나누어 주었다.

사람들이 원하고 필요로 하는 것은 무엇이든지 채워주기 위해 노력했다. 마침내 이러한 노력이 열매를 맺기 시작했다. 이웃 주민들은 자신들을 위해 헌신하는 교회와 스태프들을 통해 큰 감동을 받았고 그들을 신뢰하기 시작했다. 그리고 드디어 그들이 전하고자 했던 하나님의 사랑을 인정하고 받아들이기 시작했다.

그 당시 매튜는 하나님으로부터 다음과 같은 약속을 받았다. "만일 네가 '아무도 원하지 않는 사람들'에게 다가간다면, 나는 너에게 '모두가 원하는 사람들'을 보내 줄 것이다."[2) 이 약속으로 인해 그의 마음은 더욱 견고해졌고, 세상으로부터 소외받고 외면당하는 사람들에게 예수 그리스도의 사랑을 전하는 일에 자신의 인생을 걸기로 결심했다. 그날 이후로 그에게는 하나의 습관이 생겼다. 밤이 되면 슈퍼마켓으로 가 최대한 많은 식료품을 산다. 그리고 그것을 들고 실패와 절망에 빠져 있는 이웃의 문을 두드린다. 초인종이 울리고 문이 열리면 사람들은 예기치 않은 젊은 목회자의 방문에 한 번 놀라고, 그가 전해주는 선물 꾸러미에 또 한 번 놀란다. 작은 섬김이 누군가에게 큰 기쁨이 되는 순간인 것이다.

그뿐만이 아니었다. 이웃 주민들을 위해 교회 마당에 농구장을 짓고 주차장 한가운데 운동기구를 설치했는데 이것이 기적 같은 일을 만들어 냈다. 매일 밤 수백 명의 갱 단원들과 그 가족들이 코트에 나와 농구를 하고, 운동기구에서 운동을 하고, 벤치에서 저녁을 먹는 것이었다. 변화는 자원봉사자들에게도 일어났다. 저녁이 되고 일과를 마치면 자원봉사자들이 나와 갱 단원들과 함께 운동을 하고 그 가족들과 이야기를 나누며 교제했다! 교회는 더욱 부흥했고, 교회의 부흥은 지역 공동체에 생기가 넘치게 했다. 그의 꿈처럼 교회는 이웃 간의 담장을 허물었고, 모든 사람이 알 수 있도록 환영과 초청의 메시지를 보내게 되었다.

드림센터를 향한 꿈

24시간 잠들지 않는 교회를 향한 열정이 구체화된 것은 예배를 마치고 찾아온 한 홈리스와의 대화 때문이었다. 그는 매튜에게 이렇게 말했다. "당신의 설교를 듣고 희망을 발견했습니다. 그렇지만 나는 오늘 밤 다시 추운 거리로 돌아가서 마약과 술의 유혹을 받으며 살아가야 합니다. 그곳으로부터 탈출해서 하나님을 위해 살 수 있는 장소를 소개시켜 줄 수 있나요?" 그의 요청은 매우 절박했지만, 매튜는 아무것도 도와줄 수 없었다. 다운타운의 싸늘한 거리를 향해 돌아서는 그의 눈엔 눈물이 흐르고 있었다. 매튜는 그때 하나님께 이렇게 기도했다. "하나님, 소외된 사람들이 잠을 자고, 훈련을 받을 수 있는 장소를 허락해 주십시오." 그 후 그의 교회는 주변의 16채의 집을 차례로 사들여 소외되고 버려진 사람들을 위한 회복 센터로 사용하기 시작했다.

그런데 교회와 사역의 급성장이 시설의 한계를 가져왔다. 수용해야 할 인원이 늘어남에 따라 더 큰 장소가 필요하게 된 것이다. 그러던 어느 날, 우연히 교회 근처의 프리웨이를 지나다가 우뚝 솟아있는 고층 건물이 눈에 들어왔다. 사실 그 건물은 운전할 때마다 지나치던 곳이었지만 눈여겨

본 적이 없는 건물이었는데 그날은 이상하게도 그 건물에 대한 호기심이 발동했다. 알아보니 그곳은 9년 동안이나 비어있던 'Queen of Angels'라는 병원 건물이었다. 15층의 빌딩을 포함해 총 9동의 건물이 자리 잡은 부지를 모두 매입하려면 무려 1,600만 달러의 돈이 필요했다. 더군다나 거대 영화사인 파라마운트스튜디오에서 그 건물의 매입 의사를 밝힌 직후였다. 매튜는 건물의 소유주였던 프란시스코수녀회를 찾아가 이렇게 말했다. "우리에게는 1,600만 달러의 거금이 없습니다. 그러나 우리에겐 꿈이 있습니다. 그 꿈은 도망친 매춘부들, 거리의 아이들, 집 없는 홈리스들과 마약 중독자들을 위해 24시간 열려 있는 교회입니다."

1925년 프란시스코수녀회도 유사한 설립 이념으로 병원을 설립했다. 가난하고 소외된 사람들을 돕고 치유하기 위해 설립된 병원이었던 것이다. 수녀회는 1,600만 달러에 턱없이 모자라는 금액인 390만 달러에 병원을 넘겼고, 이 같은 기적으로 드림센터가 현재의 모습을 갖추게 되었다. 매일 수천 명의 사람을 예수 그리스도의 사랑으로 먹이고, 돌보고, 치유하고, 변화시키는 꿈이 마침내 현실화된 것이다.

현재 드림센터는 매년 수천 명의 자원봉사자가 찾아와 200여 개가 넘는 다양한 사역을 통해 매주 5만 명의 사람을 섬기고 있다. 또한 약 600명의 사람이 함께 거주하면서 재활과 훈련, 봉사를 하고 있다. 뿐만 아니라 현재 진행 중인 시설 확충이 끝나면 500여 명의 풀타임 자원봉사자와 900여 명의 회복과 훈련이 필요한 사람들이 거주하는 기관이 될 것이다.

드림센터의 비전은 소외된 사람들이 하나님과 연결되도록 도와주고, 홈리스들과 배고픈 사람들, 의료와 교육이 필요한 사람들에게 즉각적이면서 장기적인 도움을 제공하며 이를 위한 다양한 섬김 사역을 통해 회복의 공동체를 형성하는 것이다. 또한 이러한 공동체적 노력과 헌신을 통해 변화된 사람들이 또 다른 사람들에게 사랑과 희망을 전파하는 변화의 주체가 되도록 훈련시키는 것이다.

ADAPT-A-BLOCK

Adapt-A-Block은 드림센터의 가장 오래되고 핵심적인 사역일 뿐만 아니라 가장 독특하고 효과적인 사역이라 할 수 있다. "사람들의 필요를 발견하고 그것을 채우라. 상처를 발견하고 그것을 치유하라."는 철학 아래 매주 토요일 아침 5-600명의 봉사자가 135개 이상의 구역을 섬긴다. 각 팀은 지역 공동체와 주민들의 필요를 채우기 위해 이웃 주민들의 집과 근처 거리를 청소하고, 페인트칠을 하고, 주방과 허물어진 공간들을 수리하고, 아이들과 놀이를 하며 노인들을 돌본다. 필요한 가전제품, 옷, 음식, 가구 등을 제공하고 빨래를 해주기도 하며 기저귀를 제공하기도 한다. 봉사자들은 사람들의 필요를 미리 파악하고 그것을 채워주기 위해 섬세한 관심과 노력을 기울인다. 매주 약 삼만 명 이상의 사람들이 이 혜택을 받고 있다. 또한 이처럼 정기적인 사역은 주민들과 봉사자들 사이에 신뢰를 형성하여 약 천오백 명 이상의 비신자가 복음을 받아들이는 열매로 나타났다.

홈리스 사역 Homelessness

LA에는 약 오만천 명의 홈리스가 있다. 드림센터는 이들을 섬기고 변화시키기 위해 음식과 필요한 물품뿐 아니라 재활을 위한 구체적인 프로그램까지 제공한다. 매주 금요일마다 LA 다운타운에서 가장 위험한 골목인 스키드 로 Skid Row 거리에서 아웃리치를 진행한다. 길가에 줄지어 서 있는 텐트와 박스들, 절망과 어둠에 찌들어 있는 사람들이 즐비한 곳, 범죄와 살인, 마약과 매춘이 창궐하여 대낮에도 걸어 다닐 수 없을 만큼 무서운 이곳에 드림센터의 자원봉사자들이 매주 찾아간다. 그들은 음식과 물, 위생 관련 물품 등을 가지고 가서 사람들을 만나고 위로하고 복음을 전한다. 그리고 그 가운데 새로운 삶을 살기 원하는 사람이 있다면, 그들을 위해 준비된 하우징 Transitional Family Housing 프로그램을 제공한다. 이 프로그램에 들어오면 드림센터에 마련된 보호소 shelter 에서 6개월에서 1년 정도를 지내면서 멘토링을 받고 독립적으로 살 수 있는 기술을 배우면서 여러 가지 실제적인 훈련을 받게 된다.

구제 사역 Food Chapel, Food Truck, Food Bank

가난한 사람들에게 음식을 제공하기 위한 사역은 푸드 채플, 푸드 트럭, 푸드 뱅크 사역 등으로 나뉘어 진행된다. 푸드 채플은 구제 사역의 일환으로 매일 아침과 저녁, 음식을 준비하여 찾아온 사람들에게 식사를 대접하는 프로그램이다. 이 프로그램의 특징은 정성스럽게 준비된 식사를 하기 전 드려지는 15분간의 짧은 예배에 있다. 매달 평균 2,344명의 홈리스와 지체 부자유자들, 중독자들, 또는 돌봄이 필요한 사람들이 정기적으로 이곳을 찾는다. 단순히 음식만 제공하는 시간이 되지 않기 위해 스태프들과 인턴들, 자원봉사자들, 선교사들, 리더십 프로그램에 있는 대학생들이 그들과 함께 식사를 한다. 이 식사시간을 통해 사람들이 서로 연결되면서 자연스럽게 관계가 형성된다. 그리고 궁극적으로는 그리스도의 복음을 전해 진정한 희망을 찾아주기 위해 노력한다. 실제로 이 방식은 매우 효과적이어서 이곳에 왔던 다수의 사람이 드림센터의 제자 훈련 프로그램Discipleship Programs을 거쳐 새로운 삶을 살아가고 있다.

푸드 트럭Food Trcuk은 필요한 곳에 직접 찾아가 음식과 생필품 등을 나누어 주는 프로그램이다. 약 25개 이상의 사이트를 통해 매달 33,700명의 사람들이 수혜를 받고, 매년 거의 오십만 개 이상의 식료 가방이 분배된다. 이러한 사역은 보이지 않는 사람들의 기부가 있었기에 가능한 일이었다. 매달 100만 파운드 이상의 음식이 기부를 통해 분배되는데, 이것을 돈으로 환산하면 200만 달러 이상의 가치가 있는 양이다. 이렇게 들어온 음식과 돈이 푸드 뱅크Food Bank를 통해 푸드 트럭과 푸드 채플, 거리 사역 등에 활용되어 수많은 사람이 혜택을 얻고 있다.

기타 아웃리치 프로그램 Other Outreach Programs

가난하고 돌봄이 필요한 이웃들의 필요를 채우기 위한 이동 의료 사역,

직업이 필요한 사람들을 훈련하는 커리어 개발 사역, 부모와 함께 살 수 없는 아이들을 위한 아동 위탁 사역, 가정 회복 사역, 빈곤층 동네를 찾아가 함께 예배를 드리는 Metro Kids 사역, 그 밖에 마약 중독자들, 출소한 이들의 재활을 돕는 프로그램 등도 매우 활발하게 진행되고 있다.

인신매매 피해자 갱생 사역 Human Trafficking

드림센터는 전인적인 선교 사역을 지향하기에 인신매매를 통해 파괴된 삶을 그리스도의 복음으로 구원하고 회복하는 사역에도 많은 관심과 노력을 기울이고 있다. 그들은 FBI와 ICE 이민과 세관 집행국 등과 협력하여 특히 LA 지역의 매춘업소에서 탈출하고자 하는 여성들을 집중적으로 돕고 있다. 이들을 위한 특별 보호소를 마련하여 영적, 감정적, 육체적 돌봄을 제공하며 깨어진 자화상 치유와 이후 사회의 일원으로서 당당하게 살아가는 데 필요한 기술 교육도 제공한다. 지금도 약 20여 명의 여성이 이곳에 머물면서 재활과정을 밟고 있다. '희망 프로젝트' Project Hope 라고 명명된 본 사역은 72시간 구출 Rescue, 30일간 재건 Rebuild, 6개월 회복 Restore, 3-6개월간의 재복귀 Re-Enter 라는 프로그램으로 구성되어 있다.

제자훈련 DC Discipleship

드림센터의 제자훈련 과정은 일반교회에서 실시하는 제자훈련과는 전혀 다른 개념의 프로그램이다. 이 프로그램은 홈리스들, 중독자들, 폭력과 전과 등의 문제에 사로잡힌 사람들의 변화에 철저하게 초점을 맞추고 있다. 이 프로그램에 들어온 사람은 1년 혹은 그 이상의 기간 동안 드림센터에 머물면서 예수 그리스도의 말씀을 배우고, 하나님의 자녀로 새롭게 살아갈 수 있도록 훈련을 받게 된다. 처음 1년 동안은 그들의 영적, 정신적, 육체적 건강에 초점을 맞춰 성경읽기, 암송, 인격 훈련, 강의, 치료, 멘토링 등의 엄격한 커리큘럼이 적용된다. 1년 동안 이 모든 과정을 성공적으로 마친 사람은 사회에 적응하도록 돕는 'Connections' 프로그램으로 연결된다. 이 단계부터는 사역을 도울 수 있는 인턴 훈련도 함께 받을 수 있다. 12-17세를 대상으로 하는 청소년 제자 학교 Teen Discipleship Academy 도 있으며 이 프로그램에 들어가는 모든 경비는 무료로 제공된다.

청소년 사역 Dream Center Academy & Youth Center

드림센터는 학교에 적응하지 못하는 청소년들을 위한 대안학교도 운영하고 있다. 여기서는 학문적 교육뿐 아니라 도덕성과 자아상 형성을 위한 인격적인 교육도 이루어진다. 뿐만 아니라 개인 상담과 멘토링, 직업 훈련과 리더십 개발 훈련도 함께 이루어지고 있다. 이 밖에 청소년 센터 Youth Center 는 지역의 불우한 아동들을 돕기 위해 고안된 사역으로, 애프터 스쿨과 제자훈련과 스포츠를 통한 아웃리치 사역을 하고 있다. 특히 인근의 Dodgers야구단이나 LA Lakers농구팀에 속한 스포츠 스타들을 초청하여 그들로부터 꿈과 희망을 얻게 하기도 한다.

리더십 학교 DCLS

한 젊은 목회자의 꿈과 헌신을 통해 시작된 섬김 사역은 전국에서 모여든 수천 명의 자원봉사자로 인해 광범위하게 확대되었다. 이렇게 사역에 참여한 젊은이들을 전문적으로 훈련시키기 위해 '리더십 학교'라는 프로그램이 만들어졌다. 이것은 18~24세의 청년들만 지원할 수 있는 프로그램으로 1-2년 동안 드림센터에 머물면서 말씀 훈련과 세상을 섬기기 위한 사역 훈련을 받는다. 강의와 개인 영성 개발 훈련 등을 통해 기독교적 세계관을 확립하고 예배를 통해 하나님과의 관계를 발전시키며 소그룹을 통해 공동체적 삶을 배우고 다양한 사역 참여를 통해 섬김을 실천한다. 이러한 훈련을 통해 자신의 은사를 찾으면 전문적인 사역을 할 기회도 제공한다. 이 프로그램을 위한 경비는 지원자가 자비량으로 한다.

사회적 책임을 다하는 교회

1998년, 조지 부시 George W. Bush 대통령이 드림센터를 방문했다. 그는 이곳을 "신앙을 기반으로 사역하는 단체들의 모델"이라고 칭송했다. 또한 메리사 테일러 Melissa Taylor 는 드림센터를 홈리스와 중독자, 학대받는 여성과 어린이, 인신매매 피해자, 가출한 청소년, 깨어진 삶으로 가득 찬 소외된 사람들을 위한 희망의 등대라고 말했다. 실제로 드림센터의 사역을 통해 교회가 위치한 에코 파크 지역은 과거 가장 범죄율이 높던 지역에서 가장 살기 좋은 50개 도시 중 하나로 변모했다. 범죄율이 급격하게 떨어졌기 때문이다.[3]

사실 오늘날 교회의 문제는 교회가 지역 공동체와 전혀 상관없는 하나의 종교기관이 된 데 있다. 에디 깁스Eddie Gibbs는 묻는다. "만일 오늘 밤 주님께서 우리 교회를 이 지역에서 옮기신다면 이웃들은 더 이상 우리가 존재하지 않는다는 사실을 무엇으로 알 수 있을까?"[4] 교회가 세상 사람들에게 아무런 영향력을 미치지 못하고 오히려 사람들의 불편거리와 조롱거리가 된다면 세상의 빛과 소금으로 부르심을 입은 교회는 하나님 앞에서 면목이 없을 것이다. 엘머 타운스Elmer Towns와 에드 스테처Ed Stetzer가 지적한 것처럼, 지역 공동체가 교회를 원하는 이유는 하나로 집약될 수 있다. 그것은 교회가 베푼 섬김과 사랑을 통해 지역 사회가 변하는 것이다. 이런 관점에서 역사가 윌리엄 맥로플린William G. McLoughlin은 '사회 변혁의 촉매자'로서의 교회의 역할을 강조했던 것이다.[5]

한국도 마찬가지였다. 6.25 전쟁 이후에는 고아와 빈민의 구호, 산업사회로 발전하던 혼란기에는 도시의 소외계층에 대한 돌봄, 그리고 현대로 넘어오면서는 도시 빈민과 미혼모, 청소년과 노인, 장애인을 위한 섬김 등 지금까지 교회는 사회적인 책임을 다하기 위해 노력해 왔고 사회 전반에 걸쳐 광범위하게 영향력을 끼쳐 왔다. 이를 통해 교회는 사회적으로 긍정적인 평가를 받았고 복음전파 역시 효과적으로 진행될 수 있었다. 그러나 오늘날 교회는 사회로부터 과거와는 전혀 다른 평가를 받고 있다. 이것은 교회가 지역 공동체에 대한 책임의식을 상실한 채 자기 생존과 성장에만 몰두한 결과이다. 안타깝게도 교회는 세상의 희망은커녕 걱정거리로 전락하고 말았다. 누군가의 말처럼 교회가 세상을 염려하는 시대가 아니라 세상이 교회를 걱정하는 시대가 되어 버린 것이다.

드림센터의
사역 원리

첫째, 지역의 필요를 정확히 이해함으로 교회의 독특한 사명을 발견하라.

많은 교회가 자기 공동체만이 수행할 수 있는 독특한 사역을 발견하지 못하고 있는 것이 우리가 직면하고 있는 한국 교회의 현실이다. 하나님은 모든 교회에게 독특한 사명과 은사를 부여하셨다. 이러한 교회의 독특한 사명은 지역의 필요를 이해하게 될 때 비로소 선명하게 드러난다. 그러면 성도들은 자신의 은사와 열정으로 자기 공동체만이 감당할 수 있는 구별된 사역을 수행하게 되는 것이다.

둘째, 기다리지 말고 찾아가라.

기존의 전통적인 사역은 교회가 중심이 되어 사람들을 부르고 초청하는 형태로 이루어졌다. 그러나 선교적 교회의 사역은 직접 사람들을 찾아가 만나고, 그들과 섞여 그속에서 그리스도의 사랑을 증거하는 것이다. 이원론적 관점으로 세상과 문화를 죄악시하여 그것으로부터 교회를 분리 내지는 고립시키는 형태로는 이 시대 가운데 전도할 수 없다. 밀러 Donald E. Miller와 야마모리 Tetsunao Yamamori의 말처럼, "기독교의 참된 매력은 천국으로 가는 여권을 약속하는 것에 있지 않다."[6] 오히려 교회가 세상 속으로 들어가 사람들의 상처와 아픔을 어루만지고, 그것을 섬김과 사랑으로 치유할 때 비로소 세상은 복음에 매력을 느끼게 된다. 드림센터는 사람들의 구체적인 필요를 채울 뿐 아니라 그들의 진정한 친구가 되기 위해 과감하게 교회의 벽을 허물었다. 물리적 벽뿐만 아니라 시간과 마음과 인종과 계층의 벽을 허물고 그들을 찾아 나섰다. 이것이 사람들의 영혼을 움직인 힘이었다.

셋째, '24-7교회'가 되라.

진정한 사역은 24시간, 주 7일 동안 행해져야 한다. 매튜 바넷은 인터뷰에서 왜 자신이 '24-7교회'를 꿈꾸게 되었는지를 다음과 같이 설명했다. "LA의 술집과 나이트클럽, 세상의 어두운 세력들은 새벽에도 잠을 자지 않는다. 그런데 교회는 잠을 자고 있다. 진정한 교회는 어두운 세상을 향해 꺼지지 않는 불을 밝혀야 한다." 그렇다. 진정한 교회라면 어두운 밤중에도 깨어 있어야 한다. 어두움과 대항하여 그리스도의 참 빛을 열방 가운데 전파하기 위해서는 항상 깨어 세상을 향해 복음을 선포해야 한다.

넷째, 성도들에 대한 기대치를 높이고 그에 부합하는 훈련을 시켜라.

오늘날 교회들은 많은 훈련 프로그램을 가지고 있음에도 불구하고 수동적인 성도들을 길러내는 데 그치고 있다. 그러나 참된 복음의 능력은 홈리스와 마약중독자도 새롭게 변화시키며, 하나님은 그러한 자들을 살아 있는 증거로 삼아 이 세상을 변화시키신다. 이런 측면에서 본다면 하나님을 위해 자발적으로 헌신하는 성도는 얼마나 크고 놀라운 가능성을 가진 사람인가? 기억하라. 성도들이 자신의 삶의 자리에서 복음을 증거하고 선교사로 살아가도록 만드는 것은 전적으로 목회자의 능력에 달려있다! 목회자는 평신도들이 교회 내에서 뿐만 아니라 세상 속에서 하나님을 따르고 섬기는 사람으로 당당하게 설 수 있도록 훈련하고, 파송하고, 격려해야 한다. 평신도들에 대한 기대치를 높여라.

홈페이지: www.dreamcenter.org

나가는 말

몰트만은 『하나님 나라의 지평 안에 있는 사회선교』라는 책에서 기독교 공동체는 '은총에 의한 칭의를 사회적으로 구현한 형태'[7]가 되어야 한다고 주장했다. 그리스도의 복음을 알고, 누리고, 소유하는 것은 매우 값진 은혜이다. 그러나 복음이 지역 공동체를 변화시키고 사회와 문화를 변혁하는 능력으로 나타나는 것은 더 중요한 본질적인 가치이다. 한 사람이 품은 거룩한 비전이 위대한 사역을 낳고, 이를 통해 수많은 사람과 지역 공동체가 변화되는 것처럼 한국의 지역 교회들이 자신의 사명을 발견하여 세상 가운데로 나아가, 그리스도의 사랑이 섬김과 실천을 통해 온전히 전파된다면 하나님 나라의 회복과 그분의 통치는 바로 우리 교회가 존재하는 곳에서 실현될 수 있을 것이다.

MODEL 5

오스틴 스톤 커뮤니티교회
Austin Stone Community Church

흩어지는 교회
선교적인 소그룹
Verge Network
살아 있는 이야기의 힘
자신을 포기한 협력
평신도 선교사

네트워크

오스틴 스톤 커뮤니티교회 Austin Stone Community Church

참된 교회의 바로미터 Barometer

교회는 무엇을 위해 존재해야 하는가? 오늘날 교회가 직면한 문제는 구조의 문제도 프로그램의 문제도 아닌 '교회의 존재 이유'에 관한 문제이다. 성경적 원리에 의하면 교회가 많은 것은 문제가 아니다. 교회가 많아질수록 사회는 더 정화되고 아름답게 변해야 하는데 그렇지 않은 것이 문제인 것이다. 하나님 나라 백성은 세상의 빛과 소금으로서 세상의 부패와 타락을 막는 역할을 해야 한다. 이런 면에서 본회퍼는 성숙한 교회일수록 '다른 사람을 위한 교회' church for others 가 되어야 한다고 말했다. [1] 즉, 자기 보존을 위한 교회가 아니라 세상을 섬기고 사랑하며 복음을 증거하는 이타적인 교회가 되어야 한다는 것이다.

에디 깁스Eddie Gibbs 역시 숫자놀이에 경도된 오늘날의 교회를 비판하면서 참된 교회의 가치는 "어느 교회가 가장 많은 회중을 불러 모으는가가 아니라 어느 교회가 사회에 가장 큰 영향력을 미치는가?"[2)]에 달려있다고 말했다. 교회 됨의 척도는 숫자나 규모가 아니라 교회 공동체의 영향력에 있음을 강조한 말이다.

오스틴 스톤 커뮤니티교회는 외적인 면에서 지난 10년간 놀라운 성장을 이루며 많은 사람의 관심을 받아왔다. 그러나 수적 성장에 안주하지 않고 끊임없는 고민과 성찰을 통해 사역에 변화를 주며 교회의 본질과 사명을 좇아왔다. 그 결과 교회는 지금 'Verge Network'와 'Verge Conference'를 통해 선교적 교회 운동의 허브 역할을 하고 있다.

교회의 시작과 부르심[3)]

오스틴 스톤 커뮤니티교회는 텍사스의 주도인 오스틴Austin 에 자리 잡고 있다. 세계적인 CCM아티스트이자 워십 리더인 크리스 탐린Chris Tomlin 이 개척 멤버로 동참했던 교회, 혹은 미국에서 가장 빨리 성장하고 있는 교회 중 하나로 알려져 있다. 실제로 2002년 15명으로 시작된 교회가 현재는 5개의 캠퍼스에서 매주 10번의 예배를 드리는 8천 명 규모의 교회로 성장했다. 그러나 오스틴 스톤 커뮤니티교회의 명성은 도시 한복판에서 수천 명의 젊은이를 끌어모으고, 열정적인 예배와 다양한 사역으로 타 교회와 지도자들에게 영감을 주는 교회 정도에 머물지 않는다. 그들은 도시 선교를 향한 놀라운 열정과 헌신으로 교회와 도시를 연결하고, 교회와 교회를 연결하는 센터 역할을 감당하고 있기 때문이다.

도시를 향한 부르심

전형적인 텍사스의 기독교 집안에서 태어나 줄곧 교회에서 자란 매트 카터Matt Carter는 8살의 어린 나이에 회심을 경험하고, 대학 1학년 때 목회자로 살 것을 결단한다. 이후 탁월한 의사소통 능력과 설교와 가르침의 은사를 가진 카터는 같은 교회에서 찬양 사역자로 섬기던 크리스 톰린과 함께 교회를 개척하게 된다. 당시 크리스 톰린은 찬양 사역자로 명성을 얻기 시작했는데, 개척 사역에 대한 강한 부르심을 받고 카터의 사역에 동참하기로 결정했다. 교회를 세울 장소를 물색하면서 카터가 선호했던 곳은 시외곽 지역에 새로 개발되고 있던 주거 지역이었다. 그곳은 인구 유입이 많을 뿐 아니라 젊은이와 돈, 에너지가 넘치는 지역이었다. 반면 오스틴같이 복잡한 도심 지역은 그가 가장 피하고 싶던 장소였다. 그러나 하나님의 뜻은 바로 그곳에 있었다. 하나님은 톰린을 통해 카터의 마음을 돌렸고, 결국 가장 피하고 싶었던 오스틴 지역에 교회를 개척하게 되었다. 사실 오스틴 지역은 지역 선교를 위한 전략적 중심지였다. 무엇보다 그곳엔 삼십만 명의 비신자들이 있었다. 게다가 동성애자와 홈리스가 넘쳐나는 가장 세속적인 도시 중 하나였다. 주님은 그들이 그 도시의 심장으로 들어가 새로운 영적 활기를 불어넣기를 기대하셨던 것이다.

선교적 교회로의 부르심

교회가 개척된 이후 오스틴 스톤 커뮤니티교회는 빠르고 지속적으로 성장했다. 불과 몇 년 만에 수천 명이 모이는 교회로 성장했으며 재정적으로도 풍성해졌다. 젊은 목회자와 스태프들의 능동적인 팀워크, 깊이 있는 찬양과 말씀, 그리고 다양한 프로그램으로 인해 교회성장은 가속도가 붙었다. 그러나 교회를 떠났던 수많은 젊은이가 다시 교회로 몰려온 이유는 오직 예수 그리스도 중심의 진정성 때문이었다. 그들의 목표는 대형교회가 아니라 예수 그리스도의 복음이 살아 움직이고, 도시 변화에 원동력이 되는 공동체가 되는 것이었다. 일례로 교회 개척 후 4년 동안 카터는 요한복음을 지속적으로 전했다. 요한복음은 선교에 기초한 공동체를 만드는 데 매우 효과적이며 강력한 본문이었다.

그러나 건강한 사역 철학 위에서 잘 성장해 가던 교회가 본질적이며 구조적인 변화를 겪게 되는 사건이 일어났다. 2006년 카터는 한 달 동안의 안식월을 갖게 되는데 하나님과 깊은 사귐의 시간을 가지며 말씀을 연구하던 중, 구약시대 이스라엘 백성의 불순종에서 세 가지 죄를 발견하게 된다. 첫째, 하나님 이외의 다른 신을 섬기는 우상숭배, 둘째, 거룩함의 결핍, 셋째, 가난하고 연약한 자들을 돌보지 않는 죄가 그것이었다. 아이러니한 것은 그러면서도 그들은 계속해서 하나님께 제사를 드렸다는 사실이다. 하나님은 이런 백성을 향해 "내가 너희 절기들을 미워하여 멸시하며 너희 성회들을 기뻐하지 아니하나니." 암 5:21 라고까지 말씀하셨다.

이러한 깨달음이 오자 카터의 마음은 성령의 만지심으로 인해 요동쳤다. 혹시 '오스틴 스톤 커뮤니티교회도 성장에 도취되어 이와 같은 모습은 아닌가? 교회만을 돌보며 위하는 이기적인 모습은 아닌가? 가난한 사람들을 돌보지 않음으로 하나님의 공의로부터 돌아선 이스라엘 백성과 같지는 않은가?' 하나님의 말씀 앞에서 카터는 심각하게 자문했다. 그리고 다시 한 번 하나님께 자기 자신을 포기하는 기도를 드렸다. "주님, 오스틴 스톤 커뮤니티교회는 당신의 것입니다. 우리는 당신의 것입니다. 어떤 모양이든지 당신이 원하는 교회가 되게 하소서." 카터의 기도는 이후 교회의 사역을 변화시켰다. 하나님은 이 기도에 따라 오스틴 스톤 커뮤니티교회가 가난하고 연약한 자들을 품는 교회가 되도록 이끄셨다.

도시 사역의 기초

하나님의 뜻은 분명했다. 하나님은 오스틴 스톤 커뮤니티교회가 더는 편안하고 안전한 곳에 머물기를 원치 않으셨다. 그들이 도시의 가난한 자들을 품고, 변화를 위해 행동하기를 원하셨다. 그들은 하나님께 반응하여 스스로에게 자문했다. "어떻게 우리는 도시 안에 있으면서 in the city 도시에 반하거나 against the city 도시에 함몰되지 of the city 않고 도시를 위해 for the city 존재하는 교회가 될 수 있을까?" 이 질문은 교회를 전면적으로 되돌아보게 한 계기가 되었고, 교회의 사역 철학과 구조를 더 선교적으로 전환시키는 원동력이 되었다.

척박한 땅으로의 초대

당시 오스틴 스톤 커뮤니티교회의 가장 큰 관심사는 모든 성도가 모여 예배할 수 있는 건물을 짓기 위한 부지를 찾는 일이었다. 그때까지도 고등학교 강단을 빌려 예배를 드리고 있었기 때문이다. 공간은 늘어나는 성도를 감당하기에는 턱없이 부족했기에 사역을 더 안정적으로 이끌기 위해서는 교회만의 공간이 필요한 시점이었다. 이때 좋은 장소에 세련되고 훌륭한 건물을 지었다면 오스틴 스톤 커뮤니티교회는 초대형교회로 성장할 수도 있었다.

그러나 카터는 하나님 앞에서 자신의 모든 계획을 내려놓는 기도를 드렸다. 이 기도를 드리고 정확히 3일 뒤, 그는 부동산으로부터 한 통의 전화를 받았다. 세인트존스 St. Johns 지역에 적당한 규모의 부지가 나왔다는 것이다. 그러나 그 지역은 범죄율이 높은 우범지역으로 오랫동안 폐허처럼 버려진 곳이었기에 교회가 찾는 조건과는 전혀 맞지 않았다. 실제로 그곳의 상황은 너무나 열악했다. 곳곳에 깨진 파이프 조각과 바늘, 콘돔, 술병이 가득했고, 높은 범죄율과 최하의 고등학교 졸업률, 십대 임신이나 폭력 사건이 빈번하게 발생하는 지역이었다. 그러나 카터와 오스틴 스톤 커뮤니티교회는 그 지역에 하나님의 뜻과 인도하심이 있다는 것을 알아차렸다. 그리고 복음과 섬김으로 도시를 변화시킬 기회로 받아들였다.

기도하는 가운데 그들은 기존의 교회 건축 계획을 변경했다. 거대하고 세련된 교회 건물을 짓는 대신 실질적으로 도시를 변화시킬 방법을 찾으면서 선택과 결정을 하기 시작했다. 그리고 마침내 그들은 사방에서 모여

드는 성도를 한곳에 모아 목양하고자 했던 계획을 기꺼이 포기했다. 오히려 성도를 효과적으로 흩어지게 할 방법을 고심했다. 그 결과 기존에 빌려 사용하던 고등학교 강당을 그대로 사용하고, 오스틴의 동서남북으로 흩어져 모일 공간을 찾기로 했다. 하나로 집결된 형태가 아니라 멀티 사이트multi-site [4] 교회로서 교회를 여러 캠퍼스로 나누어 도시를 섬기기로 한 것이다. 오스틴 스톤 커뮤니티교회는 그렇게 모이는 교회에서 흩어지는 교회로 전환되었다.

존재론적 각성

교회 전체가 이렇게 놀라운 결단을 할 수 있었던 것은 영적인 갱신이 있었기에 가능했다. 안식월을 마친 카터의 마음은 뜨거움과 확신으로 가득 차 있었다. 성령께서 성도들의 마음에도 불을 붙여 하나님의 비전과 사역이 교회 공동체를 이끌어 가기를 진정으로 소원했다. 그리고 교회가 오스틴 지역을 품고 도시가 직면한 문제들에 대해 책임의식을 가지기를 바랐다. 카터는 뜨거운 마음으로 주일마다 강력한 말씀을 선포했다. 그 결과 성도들의 마음에도 변화에 대한 갈망과 열정이 타오르기 시작했다. 복음에 대한 열망이 성도들의 생각을 바꿔 성도 각자가 도시를 변화시키는 하나님의 도구가 되기를 소원하게 된 것이다. 다른 누가 아니라 자기 자신이 오스틴의 도심 한 부분을 책임지는 사역자로 부름을 받았다는 자각은 교회 사역의 큰 틀을 전환하는 데 결정적인 원동력이 되었다.

선교적인 공동체로의 구조 변화

교회는 이제까지 전통적인 개념의 소그룹 사역을 지향해 왔다. 그러나 소그룹이 선교적인 소그룹으로 재정립되면서 사역의 초점이 바뀌기 시작했다. 과거에는 공동체 자체를 유지하고 활성화시키는 데 목적이 있던 소그룹이 비신자를 향한 선교 중심적 소그룹으로 전환된 것이다. 카터는 자신의 경험을 통해 이렇게 말한다. "교회가 공동체만을 강조하게 되면 선교와 공동체 모두가 어려워진다. 그러나 선교를 우선순위에 놓게 되면 공동체는 자연스럽게 따라오게 된다." 오스틴 스톤 커뮤니티교회는 선교적인 소그룹에 기반을 둔 교회로 구조 자체를 변혁했다. 선교적인 소그룹은 재생산을 위한 에이전트이자 하나님 나라 백성의 근거지로서 복음을 알지 못하는 사람들에게 복음을 전하는 전초기지의 역할을 한다. 오스틴 스톤 커뮤니티교회는 선교적인 소그룹에 의해, 선교적인 소그룹을 중심으로 존재하는 '선교적인 소그룹 네트워크' 교회로 탈바꿈했다.

LTG그룹과 제3의 장소

어떻게 선교적인 소그룹을 만들 수 있을까? 기본적으로 선교적인 소그룹은 자원자들로 이루어져야 한다. 교회가 주체가 되어 소그룹을 구성하고 성도를 강제적으로 참여시키는 방식으로는 선교적 교회의 역동성을 만들어 낼 수 없다. 반대로 성도 스스로 소그룹을 구성하고 사역을 개발하고 주변 성도들을 독려해 함께 갈 수 있다면 교회는 자연스럽게 활기 넘치는 선교적인 공동체가 될 것이다. 교회는 단지 지속적으로 성도들의 의식 변화를 돕고, 선교적인 삶의 모험으로 뛰어들 수 있도록 자극하고 독려하는 역할만 하면 된다. 선교적인 소그룹은 이렇듯 삶을 던지는 자원자들이 있을 때 비로소 시작될 수 있다.

선교적인 소그룹의 기본 활동은 매우 단순하다. 그들은 그리스도 안에서 한 가족으로서 매주 모여 식사를 함께 하고 성경공부를 한다. 식사를 나누는 것은 매우 중요하다. 개인주의가 팽배한 서구사회에서 매주 모여 식사를 함께 하는 것은 사실 쉬운 일이 아니다. 그런데도 식탁 교제를 중요시하는 이유는 함께 음식을 나누어 먹을 때 '한 가족'이라는 느낌을 갖게 되고 마음을 열고 소통하게 되며 신뢰를 쌓을 수 있기 때문이다. 식사 후에 이어지는 성경공부 역시 편안하고 자유로운 분위기 속에서 진행된다. 이 시간은 성경 지식을 나누고 탐구하는 시간이라기보다는 가족 모임처럼 자유롭게 모든 사람이 토론에 참여하며 성장하는 시간이다. 따라서 모임에 처음 참석한 사람도 토론에 참여할 수 있는 분위기와 환경을 만드는 것이 무엇보다 중요하다. 이러한 소그룹의 따뜻함과 사랑 속에서 신앙적인 도전을 받으며 제자로 헌신하도록 인도하는 것이 선교적인 소그룹의 특징이다.

식탁을 중심으로 한 주중 모임이 비신자를 포용하고 섬기는 것에 주안점을 둔다면, 더 깊은 신앙적인 탐구를 원하는 제자들을 위해서는 'Life Transformation Groups' LTG 라는 소그룹이 운영된다. 이 모임은 같은 선교적인 소그룹에 속한 멤버들이 더 작은 단위로 모이는 형태로서, 동성 두세 명 정도가 한 그룹이 된다. 이 그룹의 목적은 하나님의 말씀을 더 깊이 배우고 순종하여 궁극적으로는 잃어버린 영혼에게 복음을 전하는 데 있다.

또 다른 그룹으로 '제3의 장소' Third Places 에서의 모임이 있다. 성도들에게 '제1의 장소'는 주일 예배이고, '제2의 장소'는 선교적인 공동체이다. 그리고 마지막으로 '제3의 장소'는 공동체가 복음을 전하는 현장으로써 비신자들이 거부감 없이 참여하여 교제할 수 있는 중립적인 장소를 일컫는다. 따라서 제3의 장소는 비신자들을 정기적으로 만나 관계를 형성할 수 있는 장소여야 한다. 제3의 장소는 각 소그룹의 특성에 따라 달라지는데 카페, 식당, 공원, 동네 수영장, 가정집 등 어디나 가능하다. 핵심은 비신자들과의 일상적인 만남을 통해 그들을 자연스럽게 선교적인 소그룹으로 이끄는 것이다. 결과적으로 이 사역은 실질적인 열매를 가져왔다. 교회에 출석하기 전이나 믿음의 결단을 내리기 전에 먼저 소그룹에 연결되어 모임에 나오다가 신앙을 갖게 되는 경우가 많아지고 있는 것이다.

한편 이러한 선교적인 소그룹이 더 적극적으로 세상 속으로 침투해 도시를 변화시키기 위해서는 뒤에 소개할 'The For the City Network'와 'The For the City Center'가 중요한 역할을 한다. 이 네트워크를 통해 성도들은 300개 이상의 선교 파트너와 연결될 수 있고 다양한 형태로 도시와 세계 선교에 참여할 수 있다.

파일럿 그룹 pilot group 과 스토리텔링 storytelling

오스틴 스톤 커뮤니티교회는 소그룹 멤버들을 중심으로 복음 증거를 위한 파일럿 그룹을 만들었다. 평신도가 삶의 현장에서 선교사로서 살아갈 때 만날 수 있는 다양한 상황을 공유하고 복음 증거를 위한 다양한 시도들을 서로 나누는 것이다. 이러한 나눔을 통해 드러난 이야기들은 교회 공동체에 큰 반향을 일으켰다. 다양한 삶의 현장에서 일어나는 성령의 역사와 새로운 생명의 탄생이 보고되었다.

처음으로 파일럿 그룹 사역을 기획하고 이끌었던 마이클 스튜어트 Michael Stewart 는 그 사역의 첫 번째 열매에 관한 감동적인 이야기를 들려주었다. 두 여대생이 학교 기숙사에서 파일럿 그룹을 시작했다. 이들은 친구들을 모임에 초대하여 삶과 신앙을 나누었다. 그렇게 시작된 사역은 얼마 지나지 않아 첫 열매를 맺게 되었다. 기숙사 친구 두 명이 복음을 받아들이기로 결정한 것이다. 이들 중 한 명은 학교 수영장에서, 또 다른 한 명은 학교 분수대에서 세례를 받았다. 그리고 이 감격스러운 현장은 휴대전화 동영상을 통해 모든 성도에게 생생하게 전달되었다. 이것이 바로 파일럿 그룹이 하는 사역이다. 그리스도를 사랑하는 성도들이 자발적으로 모여 복음을 전하기 위한 다양한 시도를 하면서 만들어진 생생한 이야기들은 서로 공유되면서 성도들의 생각과 태도를 변화시키는 엄청난 영향력을 발휘했다. 복음을 전하는 일에 소극적이던 성도들도 점차 복음을 위해 살아가는 것이 얼마나 위대한 일인지를 직접 보고, 듣고, 알게 되었다. 그리고 평범한 사람들도 얼마든지 위대한 선교적인 삶을 살 수 있다는 사실에 도전받기 시작했다. 여기저기서 새로운 파일럿 그룹들이 만들어지고 점점 더 많은 스토리가 쌓이면서 이 사역은 성도들 사이에서 하나의 운동이 되어 교회의 핵심 사역으로 자리 잡게 되었다.

선교적인 리더 개발

건강한 선교적인 소그룹을 만들기 위해서는 훈련된 리더의 역할이 중요하다. 그렇다면 어떻게 리더를 만들 수 있을까? 오스틴 스톤 커뮤니티교회의 교육과 훈련은 일반적인 교회와는 그 수준과 접근 방식이 매우 달랐다. 사실상 대부분의 교회는 성도들의 신앙생활을 돕는 차원에서, 혹은 교회의 일꾼을 세우는 차원에서 성경공부 중심의 리더 교육을 한다. 이에 반해 오스틴 스톤 커뮤니티교회는 성경과 더불어 신학 교육을 중요하게 여긴다.

기본적인 신학 교육을 위해 매년 약 5-6주에 걸쳐 구약, 신약, 조직 신학 등의 강좌를 개설한다. 더 심화된 교육은 'Austin Stone Institute'라는 기관에 의해 진행되는데, 여기서는 가정과 교회, 도시와 세상을 이끌 수 있는 리더를 양성하기 위해 다양한 삶의 주제와 신학 과목들을 가르친다. 모든 과정은 학교 시스템처럼 운영되며 수업은 정식으로 수업료를 내고 등록한 성도들만 수강할 수 있다. 특별히 신학 과목들은 주변 유수의 신학대학들과 연계되어 최대 30학점까지 학점을 교류할 수도 있다. 놀라운 점은 매년 3-400명의 성도가 신학 과목을 수강한다는 점이다. 또한 인턴십 internship

과 레지던시 residencies 프로그램이 있다. 이 프로그램은 더 높은 차원에서 선교적인 삶을 살기 원하는 성도들을 교육하고 멘토링하여 교회와 도시를 섬길 수 있는 전문성과 지도력을 갖춘 리더로 개발하는 특화된 프로그램이다.[5]

오스틴 스톤 커뮤니티교회처럼 신학교 수준의 전문적인 기관을 세워 성도들을 교육하고 훈련하는 교회는 미국 내에서도 찾아보기 힘들다. 이는 모두 담임목사의 목회 철학에서 비롯된 결과라고 할 수 있다. 카터는 가능한 평신도에게도 목회자 수준의 학습 기회를 주어야 한다고 생각한다. 기본적으로 평신도도 목회자 수준의 교육을 통해 동등한 지식을 가지고 이를 기반으로 치열하고 복잡한 삶의 현장에서 지속적인 열매를 거둬야 한다고 믿기 때문이다. 동시에 그는 많은 대학생과 젊은이의 지적 갈망을 채워주어야 한다고 말한다. 오스틴 스톤 커뮤니티교회의 20대들은 더 깊이, 더 많이 알기 원한다. 젊은이들은 대부분 형식적인 것보다는 본질에 관심이 많기 때문이다. 그렇다면 교회는 이들에게 기독교의 진리를 탐구할 수 있는 기회를 더 많이 제공해야 한다. 같은 맥락에서, 오스틴 스톤 커뮤니티교회에서 전파되는 말씀은 매우 원색적이고 직설적이다. 삶의 현장에서 만나게 되는 현실적이고 까다로운 문제들을 회피하지 않기 때문이다. 포르노나 동성결혼 같은 민감한 주제도 가감 없이 다룬다. 그리고 성경에 기록된 대로 복음에 기초해서 진리를 가르친다. 오늘날을 살아가는 그리스도인에게 말씀에 근거한 선명한 기준을 제시해 주는 것은 절대적으로 필수적인 과정이다. 그러나 결국 이 시대의 복음은 스스로 탐구하고, 깨닫고, 결단하는 과정을 통해 습득되는 것이다. 뉴비긴의 말처럼 이 시대의 문제는 '신앙의 사실적 내용이 아니라 그것을 견지하는 성실한 태도'의 문제이며, '그런 신념은 공적인 지식의 문제가 아니라 개인적 신앙의 문제'일 확률이 높기 때문이다.[6] 그런 측면에서 성경의 진리는 체험하여 확증되어야 한다. 이것이 올바른 지식과 공동체적 증거가 중요한 이유다.

선교적 교회를 위한 팀 리더십

오스틴 스톤 커뮤니티교회의 사역은 팀을 중심으로 한 참여와 협업을 통해 이루어진다. 모든 사역에는 각 영역을 책임지는 리더들이 있고, 교회는 이들의 전문성에 깊이 의존한다. 목회자 역시 마찬가지다. 교회를 개척한 카터의 공식 직함은 설교와 비전 목사 pastor of preaching and vision 이다. 그 외에 사역 총괄 lead Pastor 가 있고, 교육과 신학 담당 목사 pastor of teaching & theology, 행정 총괄 목사 executive pastor of operations, 캠퍼스와 공동체 담당 목사 executive pastor of campus & communities, 전략적 사역 담당 목사 pastor of strategic initiatives, 예배 총괄 목사 pastor of worship 가 있다. 이들의 관계는 매우 수평적이다. 교회의 사역이 담임목사의 절대적인 권위에 의해 운영되지 않는다. 각자의 사역은 독립적이며 전문적인 영역으로 인정되기 때문에 각각의 팀이 협력을 통해 사역을 이루어간다. 말로만 팀이 아니라 실제 사역이 팀으로 운영되고 있는 것이다.

이렇게 철저한 팀 사역을 구축할 수 있었던 것은 무엇보다 담임목사의 목회 철학과 리더십 덕분이었다. 카터는 자신의 한계와 은사에 대한 인식이 분명했기 때문에 팀 사역의 장점을 활용하고 싶어 했다. 그는 한 사람이 모든 것을 결정하고 책임지는 구조 대신 전문가들을 발굴하고 세워 함께 동역하는 것이 훨씬 효율적이며 성경적이라고 확신했다. 이런 관점에서 그는 담임목사의 역할은 사람들을 발굴하고 세워 사역의 기회를 부여하는 것이라고 믿는다. 다양한 실험과 더불어 실패할 수 있는 여지를 제공하면서 그와 그의 팀은 함께 성장했다.

물론 팀 사역은 결코 쉽지 않다. 의도와 상관없이 외부에서 들려오는 평가와 비교에 의해 관계에 금이 가기도 하고 리더십이 흔들리기도 한다. 특히 자신보다 탁월한 누군가가 등장할 때나 다른 누군가가 나보다 더 큰 갈채와 인정을 받게 될 때 지도자의 리더십은 유혹을 받는다. 또한 팀워크가 흔들리고 관계에 위기가 생길 수도 있다. 그러나 카터는 이런 부분이야말로 지도자가 극복해야 할 장애물이라고 강조한다. '우리는 무엇에 초점을 맞춰야 하는가? 진정 하나님의 영광을 원하는가? 아니면 다른 무언가를 원하고 있는가?' 그는 이런 질문들을 던지며 리더들의 의식이 성숙해지도록 도전했다. "우리는 한 팀이기 때문에 누군가 성장하고 성공한다는 사실은 곧 우리가 함께 성장하고 함께 성공한 것을 의미한다. 우리가 지금까지 무언가를 성공적으로 감당했다면 그것은 우리가 함께했기 때문이다."라고 그는 소신 있게 말한다.

도시 변화를 위한 협력: THE FOR THE CITY NETWORK

사실상 하나의 지역 교회가 도시 변화를 책임지는 것은 불가능하다. 그래서 오스틴 스톤 커뮤니티교회는 기존의 도시 사역 단체에 눈길을 돌렸다. 이전부터 도시를 위해 충실하게 사역하고 있던 많은 단체를 보면서 교회는 사역 방식을 고민했다. 기존의 다른 교회들처럼 독자적인 사역 계획을 가지고 새로운 사역을 할 것인가? 아니면 기존의 사역 단체들과 협력할 것인가? 만약 오스틴 스톤 커뮤니티교회가 건강한 사역을 하고 있는 기존의 단체들과 협력한다면 어떤 일이 일어날까? 오스틴 스톤 커뮤니티교회가 그들을 도울 수 있는 방법이 있을까? 고민 끝에 그들은 독자적인 사역보다 협력 사역이 더 효과적일 것이라는 결론에 다다랐다. '기존의 사역 단체들에 교회의 물질과 성도라는 인적 자원이 더해지면 도시를 변화시키는 일에 시너지 효과가 일어나지 않을까?' 이러한 생각으로 그들은 이미 도시를 위해 훌륭하게 사역하고 있는 비영리 재단들과 협력하여 도시 곳곳을 섬기기로 결정했다.

St. Johns 부지에 있던 건물은 이러한 사역을 할 수 있는 최적의 장소였다. 그들은 이 건물을 교회 자체만을 위해 사용하려던 계획을 내려놓고 다양한 비영리 단체들을 받아들여 협력 사역의 허브가 되기로 했다. 주일 하루가 아니라 주 7일 동안 이웃을 섬기는 교회가 되기 위해 그들은 그 건물에 'The For the City Network'와 'The For the City Center'라는 비영리 단체를 설립했다. 이 센터에 오스틴 지역에서 가장 건강하고 훌륭한 사역을 감당하고 있던 4개의 단체[7]가 입주했고, 이후 이들과 교회의 놀라운 협력 사역이 시작되었다. 그들과 함께 오스틴 지역을 조직적이고 능동적으로 섬길 수 있는 길이 열린 것이다.

선교적 교회를 위한 협력: VERGE NETWORK[8]

오스틴 스톤 커뮤니티교회의 진실성은 지금까지의 모든 경험과 자원을 다른 교회들과 공유하려는 노력 속에서 더 빛이 난다. 그중 하나가 'Verge Network'를 통한 컨퍼런스 사역이다. 개인적으로 오스틴에서 열렸던 'Verge Conference'는 필자에게 충격적으로 다가왔다. 전국에서 몰려든 수천 명의 사역자와 선교적 교회 운동을 이끌어 가는 대다수의 전문가가 한 자리에 모였다. 그러나 더 놀라운 것은 선교적 교회와 공동체를 실현해 가는 다양한 노력과 노하우를 공유하는 그들만의 탁월한 방식이었다. 선교적 교회에 대한 꿈이 슬로건으로 끝나지 않고 하나의 운동이 될 수 있었던 이유는 바로 이러한 실천가들이 네트워크를 이루어 협력할 수 있는 장이 있었기 때문이다. 한국 교회가 배워야 할 점이 바로 이런 것이 아닐까!

오스틴 스톤 커뮤니티교회가 처음부터 전국적인 규모의 컨퍼런스를 의도했던 것은 아니었다. 그들의 표현에 의하면 그 시작은 하나님의 전적인 인도하심이었다. 처음에 이 모임은 단순히 교회 리더들을 훈련하기 위한 모임이었다. 그러나 횟수가 더해지면서 다양한 곳에서 이 교회를 배우기 위해 사람들이 찾아왔다. 교회는 놀라움과 더불어 책임감을 느꼈다. 그리고 마침내 2010년, 첫 컨퍼런스가 열렸을 때 전국에서 이천 명의 사람들이 등록하여 참여했다. 이후 Verge Conference는 북미 지역 선교적 교회 운동의 구심점이 되었다. Verge Network의 책임자인 스튜어트는 컨퍼런스가 이처럼 큰 영향력을 끼치게 된 이유를 그 의도와 방식에서 찾았다. 그들은 교회성장 방식을 가르쳐주겠다는 의도로 컨퍼런스를 열지 않았다. 그들 역시 배우기 위해 자리를 마련했다. 모두가 함께 고민하고 배울 수 있는 자리, 한두 사람의 유명 강사에 의해 좌우되는 집회가 아니라 현장에서 뛰고 노력하는 사역자들이 모여 자신의 사역을 보고하고 나누는 방식은 그 시간을 더욱 풍성하게 만들었다.

오스틴 스톤 커뮤니티교회의
사역 원리

첫째, 선교적 교회는 의식의 변화와 함께 시작된다.
선교적 교회를 프로그램화 하려고 한다면 반드시 실패할 것이다. 선교적 교회는 모든 성도가 선교의식 mission consciousness 을 가질 때만 가능하다.9) 그렇기 때문에 당연히 단시간에 만들어지지 않는다. 오랜 시간의 의도적이며 지속적인 노력과 실험을 통해 만들어지는 것이다. 단거리 경주로 끝내려 하지 말고 장거리 마라톤을 준비하라.

둘째, 선교적인 리더십을 개발하라.
락스버그 Alan Roxburgh 가 이야기한 것처럼, 선교적인 리더는 한 사람의 전횡적 능력을 통해 집단을 끌어가는 사람이 아니다. 선교적인 리더는 교회 공동체가 부르심의 목적을 분별할 수 있도록 돕고, 그것을 실천할 수 있도록 선교적인 문화를 만드는 기술을 가진 사람이다. 이를 위해 본인 스스로가 먼저 모범을 보여야만 한다. 10)

셋째, 선교 중심적인 구조로 공동체를 재편하라.
오스틴 스톤 커뮤니티교회처럼 교회가 선교를 우선순위에 놓게 되면 신앙 공동체가 건강해진다. 많은 교회는 선교를 강조하면서도 그것을 감당해야 할 과업 중 하나로 여긴다. 선교 중심적인 구조로 공동체를 재편하라는 말은 삶이 곧 선교가 될 수 있도록 교회 시스템과 생태계를 조성하라는 말이다.

넷째, 이야기의 중요성을 인식하고 공유하라.

과학과 기술의 시대이지만 사람들은 감동적인 이야기를 원한다. 이성적이고 합리적이며 예측 가능한 이야기는 감동을 주지 못한다. 그러나 성령에 의해 만들어진 작은 이야기들은 힘이 있고, 성도들에게 감동과 용기를 주는 원동력이 된다. 오스틴 스톤 커뮤니티교회의 선교적인 사역은 바로 작은 이야기들이 만든 기적이었다. 하나님은 이야기를 통해 역사를 이끌어 가는 분이심을 기억하라.[11]

다섯째, 네트워크를 통해 변화를 추구하라.

변화는 한 교회의 힘과 노력만으로 이루어질 수 없다. 교회는 본질상 하나다.[12] 팀 리더십을 통해 교회가 건강해지는 것처럼, 교회도 서로 연합할 때 더 큰 영향력을 발휘할 수 있다. 그렇기 때문에 하나님 나라의 관점에서 협력하여 함께 나아가려는 노력을 기울여야 한다. 오스틴 스톤 커뮤니티교회의 사역은 그들의 경험과 노하우를 다른 교회들과 공유하고 나눌 때 극대화되었다. 교회는 서로 경쟁 관계에 있는 것이 아니다. 교회가 연합하여 하나님의 선교에 동참할 때 세상을 변화시킬 수 있다.

홈페이지: austinstone.org

나가는 말

만일 교회가 교회를 위해 존재한다면 어떻게 될까? 사람들은 그 교회를 어떻게 평가할까? 존재의 이유와 목적을 잃어버린 교회는 세상에 어떤 영향력도 끼칠 수 없다. 만약 우리 교회가 사라진다면 이웃들은 우리 교회를 어떤 식으로 기억할까? 진심으로 아쉬워하는 지역 주민은 얼마나 될까? 교회의 목적은 세상과 고립된 하나님의 왕국을 건설하는 것이 아니다. 이제는 변화된 패러다임을 가져야 한다. 어떻게 성도들을 세상 밖으로 내보낼 것인가? 어떻게 도시와 세상 속으로 침투할 것인가? 어떻게 참된 진리로 이 땅을 회복할 것인가? 보냄받은 공동체로서 교회는 울타리 밖을 볼 수 있는 안목을 갖추어야 한다.

MODEL 6

리얼리티 LA교회
Reality LA in Hollywood

교회를 떠나는 젊은이들
할리우드의 젊은이들
긴 설교, 자율적인 성찬
깊은 예배
열광과 집중

깊은 예배

리얼리티 LA교회 Reality LA in Hollywood

기성 교회의 고민

오렌지카운티에 있는 한 교회의 이야기이다. 30년 동안 교회를 이끌어 오고 있는 담임목사는 신앙과 인격 면에서 매우 훌륭한 사람으로 정평이 나 있었다. 이러한 목회자의 모범과 성도들의 협력으로 교회는 지속적으로 성장했고, 건강한 지역 교회로 자리 잡게 되었다. 그러나 세대가 바뀌면서 교회는 새로운 문제에 직면하게 되었다. 부모세대를 이어 신앙을 계승해야 할 자녀세대, 즉 20-30대 청년 사역이 벽에 부딪친 것이다. 안타깝게도 자녀세대는 부모세대가 경험했던 은혜의 수혜자가 되지 못했다. 통계적으로 미국의 젊은이들은 고등학교 졸업 후 대학에 진학하면 7-80%가 신앙생활을 하지 않는다고 한다. 더 심각한 문제는 신앙생활을 계속하고자 하는 청년들조차 기성 교회에 적응하기 어려워한다는 사실이다.

이 교회가 직면한 문제도 마찬가지였다. 물론 한때 청년 예배가 역동적이었던 적도 있었다. 청년들의 언어와 문화에 맞는 예배 형식을 고안하여 부모세대와는 다른 자유로운 형태의 예배를 드린 덕분이었다. 예배는 뜨거웠고 활기가 넘쳤으며 교회를 떠났던 청년들도 다시 모여들기 시작했다. 그런데 이 시점에서 문제가 발생했다. 기성세대가 자신들의 예배와 다른 청년들의 예배를 보고 걱정하기 시작했고, 자녀들의 예배가 자신들의 예배로 흡수되길 원했다. 결국 교회는 청년과 젊은 부부를 위한 예배를 폐지하기로 결단을 내렸다. 동일한 형식 안에서 같은 영성을 소유하자는 선한 의도 때문이었다. 그 결과는 어떻게 되었을까? 안타깝게도 그렇게 역동적으로 예배에 참여하던 청년들이 모습을 감추기 시작했고, 지금은 소수만 남아 간신히 명맥을 이어가고 있는 실정이다.

사실 오늘날 교회의 고민은 기성세대보다는 다음 세대에 있다. 교회가 노쇠해 가는 현실은 미국의 한 이민교회에 국한되는 문제가 아니다. 이것은 곧 교회성장의 신화를 자랑해 왔던 한국 교회가 긴급하게 해결해야 할 과제이다. 청년들이 교회를 떠나고 주일학교가 텅텅 비는 한국 교회의 현실은 머지않아 미래의 한국 교회가 유럽의 교회들처럼 될 수도 있다는 경고이자 이제 교회가 선교적인 새로운 안목을 가지고 청년들에게 접근해야 함을 알려주는 지표이다.

미국의 교회들 역시 동일한 고민을 가지고 있다. 역사와 전통을 자랑하는 제도화된 교회일수록 기존의 형식을 고수하려는 태도로 인해 어려움을 겪고 있다. 메인라인의 교회들 중에는 급격하게 감소하는 성도 수로 인해 현상유지조차 어려운 곳도 많다. 과거 수백, 수천 명이 모였던 크고 웅장한 교회 안에는 이제 과거를 추억하며 신앙의 마지막 여정을 걸어가는 노인들만 외로이 앉아 자리를 지키고 있다. 그렇다면 그 반대의 경우는 어떠한가? 완벽한 시스템과 서비스, 다양한 프로그램으로 무장한 대형교회들은 청년 사역의 대안이 될 것인가? 한때 구도자 중심 예배 등을 통해 신선하고 새로운 대안을 제시했던 대형교회들조차 시대의 흐름과 함께 노쇠해 가는 것은 마찬가지이다.[1] 오히려 메가처치현상 the mega-church Phenomenon 은 복음 대신 인간의 필요와 욕구에 민감하게 대응하는 소비주의적인 형태로 비춰지면서 진정한 공동체 authentic community 와 진지한 제자도 authentic discipleship 를 추구하는 젊고 의식 있는 성도들에게는 도리어 비판의 대상이 되고 말았다. 반면 청년들이 떠난 교회, 또 떠나고 있는 교회들에 견주어 새롭게 부상하고 있는 교회들이 있음을 주목할 필요가 있다.

부상하는 새로운 교회들

놀라운 것은 기존 교회에 적응하지 못하고 교회를 떠났던 젊은이들이 미전역에서 급부상하고 있는 새로운 교회들에 모여들고 있다는 사실이다. 수백, 수천 명의 2-30대 청년들이 모여 역동적으로 예배하는 교회들은 몇 가지 공통점을 지니는데, 대부분 기존의 메가처치들과 의도적으로 차별화된 모습을 보이려 한다는 점이다. 이 교회들은 예수님의 가르침에 기초한 급진적인 가치관을 공유하며, 공동체의 핵심 가치를 반영하는 교회 이름을 사용하고, 전통적인 형식의 교회 건물 대신 창고식의 웨어하우스 warehouse 나 학교 강당, 오피스 건물 등을 빌려 교회 건물로 사용한다. 또한 복잡하고 수직적인 교회 운영 구조 대신 단순하고 직관적인 교회 운영 구조를 가지고 있으며 교회의 리더십들을 기능적이고 효과적으로 세워 운영한다. 또한 주일 모임 중심에서 주중 소그룹 모임 중심으로 사역을 확장시키고, 예수님을 따르는 삶을 최고의 가치로 여긴다. 이러한 교회들은 대부분 문화적으로 열려 있으면서도 복음에 든든하게 뿌리내리고 있다. 더불어 이들 교회들은 모두 하나님의 선교 missio dei 에 기반을 둔 선교적인 삶 missional life 을 강조한다. 이러한 젊고 급진적인 교회들이 메마른 땅에 단비같이 교회 갱신과 성장의 모델로 미전역을 흔들고 있다. Reality LA교회는 이러한 흐름의 중심에 있으며 건강한 사역 모델로서 주목받고 있다.

Reality LA교회[2], 할리우드 Hollywood 를 품다

2006년, 할리우드 심장부에서 30명의 성도와 첫 공식 예배를 드리고 7년이 지난 오늘, Reality LA교회는 매주 삼천 명 이상의 젊은이가 모여 예배하는 대형교회로 성장했다. 지역 신문이나 전문가들조차 믿기지 않는 듯 이러한 현상을 하나의 'cult'로 묘사하기도 했다. 그도 그럴 것이 영적 황무지나 다름없는 할리우드 지역에서 이렇게 짧은 시간 내에 수천 명의 젊은이가 모여 열광적으로 예배드리는 것은 매우 이례적인 일이다. 그렇다면 어떻게 Reality LA교회는 미국 대중문화의 심장부이자 영적으로는 척박하기 이를 데 없는 할리우드 지역에서 이렇게 빠른 성장을 이룰 수 있었을까? 이 교회의 무엇이 할리우드 젊은이들의 발걸음을 교회로 돌리게 만들었을까?

놀랍게도 이 교회에서 할리우드의 엔터테인먼트적인 요소나 최첨단 기술 등의 특징은 전혀 찾아볼 수 없다. Reality LA교회는 매우 단순하고 기본적인 교회로 일반적인 프로그램이나 특별 활동조차도 찾아보기 어렵다. 대신 오직 예수 그리스도 중심의 신앙 공동체가 되기 위해 더 단순하며 simple, 더 기본적인 basic 사역에 집중하고 있다.

담임목사 팀 채딕 Tim Chaddick

교회의 중심에는 담임목사인 팀 채딕이 있다. 그의 메시지는 강하고 직선적이며 명쾌하다. 그리고 더 놀라운 사실은 그의 설교가 매우 교리적일 뿐만 아니라 길다는 점이다. 설교만 한 시간 이상을 하는데 빠른 기술 문명과 스마트폰, SNS에 길들여진 젊은 세대가 이 설교에 열광하면서 엄청난 몰입과 집중력을 보인다. 대체 그 힘은 어디에서 나오는 걸까? 아마도 그가 어린 시절에 겪었던 절망과 극적인 회심이 복음의 능력에 대한 강력한 확신을 주는 것 같다.

그는 샌프란시스코 베이 지역에서 목회자의 아들로 태어났다. 그러나 그의 어린 시절은 매우 불행했다. 목사였던 아버지의 건강이 안 좋아 사역은 늘 어려웠고, 아버지의 건강이 더욱 악화되자 사역은 곤두박질쳤다. 팀은 이러한 환경에 좌절하여 세상적인 삶에 몰두했다. 십대 초반부터 성 sex, 마약 drugs, 록 rock 'n' roll 이라는 세속적 삼위일체 unholy trinity 에서 헤어 나오지 못했다. 심지어 10학년 고등학교 1학년 때 자신의 아이를 낙태시키는 경험을 하기도 했다. 그의 삶은 너무 이른 시기에 손을 쓸 수 없을 정도로 황폐해졌다. 그렇게 술과 마약에 빠져 어두운 나날을 보내고 있을 때 급기야 가깝게 지내던 친구가 자살을 하고 만다. 이때 팀은 삶의 한계에 대해서 새롭게 인식하게 되고 우연히 한 집회에 참석했다가 강력한 성령의 임재를 경험하게 된다. 자신의 죄를 철저하게 깨닫고 그리스도의 아름다운 영광과 능력을 체험한 그는 긴 밤을 눈물과 기도로 보내고 다음 날 아침, 음악적 동료이자 술과 마약을 함께 하던 밴드 멤버들 앞에서 그리스도 예수 안에서 새로운 삶을 살기로 결단했다.

이후 신학교에 입학한 팀은 로마서 10장을 읽다가 자신의 사명을 발견한다. "전파하는 자가 없이 어찌 들으리요." 롬 10:14 자신을 목회자로 부르시는 하나님의 음성을 들은 것이다. 이후 그는 척 스미스의 갈보리 교회 Calvary Chapel in Costa Mesa 에서 인턴사역을 하면서 브릿 메릭 Britt Merrick 과 친구가 된다. 메릭은 훗날 Reality LA교회의 모체가 되는 Reality Santa Barbara Carpinteria 교회를 설립한 목회자이자 탁월한 비전의 사람이었다. 그런 그의 비전과 영성에 감동한 팀과 그의 아내는 2003년 메릭이 설립한

Reality 교회에 동참하고, 일 년 후 할리우드 지역에 교회를 개척하라는 소명을 받게 된다. 그리고 2006년, 할리우드 지역에서 시작된 작은 기도 모임이 지금의 Reality LA교회의 출발점이 되었다.

주일광경 스케치

Reality LA교회의 주일광경은 매우 역동적이며 생기가 넘친다. 주일 예배는 9시, 12시, 오후 6시로 세 번으로 나뉘어 드려진다. 건물이 없는 Reality LA교회는 할리우드에 위치한 고등학교 강당을 빌려 예배를 드리는데 한정된 주차 공간 때문에 기존 성도들은 거리나 멀리 위치한 주차장에 차를 세우고 학교 강당으로 걸어간다. 건물로 들어서면 사각의 작은 광장이 나오는데 거기서 젊고, 밝은 안내자들이 회중을 반긴다. 흥미로운 점은 양복을 갖춰 입은 사람이 단 한 사람도 없다는 것이다. 예배에 참여하는 회중이나 봉사자들, 심지어 설교자조차 캐주얼한 복장으로 예배를 드린다.

찬양팀의 연주와 함께 예배가 시작되면 회중은 점차 깊은 예배로 나아가게 된다. 예배 형식은 매우 단순하여 주보조차 없다. 15분 정도 찬양을 드린 후 성도의 교제가 이어지고, 간단한 기도와 광고, 헌금을 한다. 이때까지 30분 정도가 소요된다. 이후 설교자가 나와 본문을 함께 읽고 약 1시간가량 말씀을 전한다. 설교가 마치면 다시 불이 꺼지고 조용한 찬양과 함께 성찬이 시작된다. 복도에 준비된 성찬에 회중은 줄을 서서 자유롭게 참여한다. 이어서 기도와 찬양을 드리는데 이 시간이 약 30분 정도 소요된다. 특히 이때 드려지는 찬양과 기도는 매우 강력하다. 회중은 더 깊이 예배 가운데로 나아가고 하나님의 임재와 만지심을 경험한다. 마지막으로 담임목사가 나와 마무리 기도를 하고 나면 불이 켜지고 회중은 다시 건물 밖으로 나와 교제를 나눈다.

강력한 찬양

현대적 예배의 특징은 찬양팀이 주도하는 예배 방식이라 할 수 있다. 미국의 대형교회들은 이를 위해 유명한 예배인도자를 초빙하고 최고의 세션으로 무장된 찬양팀을 만들어 대중의 호응을 유도한다. 그러나 이러한 예배가 강화될수록 회중은 예배의 주체가 아닌 수동적 참여자가 되어 마치 공연을 참관하는 것처럼 예배를 드리게 될 위험이 있다.

Reality LA교회 역시 매우 훌륭한 찬양팀을 소유하고 있지만 회중은 그들이 누군지 알지도 못한다. 왜냐하면 어두운 조명은 인도자나 연주자, 그 누구의 얼굴도 비추지 않기 때문이다. 록음악을 기반으로 찬양을 인도하지만 그 어디에서도 밴드의 실력을 드러내고자 하는 시도는 찾아볼 수가 없다. 선명하게 보이는 것은 오직 가사뿐이다. 화면을 통해 찬양팀이나 회중의 모습을 보는 것은 상상할 수도 없다. 오직 회중은 어둠 가운데 하나님을 찬양할 뿐이다. 이제까지 많은 교회를 방문했지만 이렇게 예배를 드리는 교회는 본 적이 없다. 하나님을 향한 갈망, 그분을 향한 초점을 극대화하기 위해 인간적인 것들을 최소화하는 것이다.

누구나 쉽게 따라 부를 수 있는 깊이 있는 찬양을 주로 부르는데, 그래서인지 예배 때 어느 교회보다도 회중의 찬양 소리가 크게 들린다. 또 하나의 특징은 설교 전 찬양보다 설교 후 찬양이 더 깊다는 점이다. 설교 전에는 약 15분 정도의 찬양을 하고, 설교 후에는 약 30분간 찬양을 한다. 따라서 회중은 점진적으로 예배의 깊이와 강도가 높아져 가는 것을 경험하게 된다.

명쾌하고 직선적인 말씀

담임목사인 팀 채딕은 양쪽 팔에 새겨진 문신과 즐겨 입는 청바지와 티셔츠에서 풍기는 분위기와 달리 정통 신학에 기초한 설교자이다. 그는 회중과 효과적으로 교감하기 위해 유머와 위트를 활용하고, 강단을 자유롭게 오가면서 쉽고 현대적인 방식으로 말씀을 증거한다. 그러나 이렇게 자유로운 전달 방식과는 달리 그의 메시지는 놀랄 만큼 보수적이고 신학적이다. 팀은 성경에 기록된 말씀을 문자 그대로 믿고, 그에 기초한 메시지를 전달한다. 그는 요즘 교회들이 다루기 힘들어 하는 민감한 삶의 문제를 다루는 것을 두려워하지 않고, 그에 대한 성경의 가르침을 가감 없이 직선적으로 전달한다. 그에게서 현대인의 구미에 맞는 번영과 성공에 관한 메시지는 기대할 수 없다. 오히려 그의 메시지는 대형교회에 만연한 미국식 번영신학에 대해 저항하며 그리스도의 삶에 근거한 급진적인 삶의 변화를 촉구한다.

최첨단의 대중문화를 즐기는 진보적인 할리우드의 젊은이들을 대상으로 거칠고 단단한 전통과 교리, 예수님의 급진적 삶을 전하는 것은 회중의 일상생활이나 현실과는 너무 괴리가 크기 때문에 어쩌면 위험한 시도일 수도 있다. 그런데 놀라운 것은 이러한 말씀에 젊은 회중이 열광한다는 점이다. 사실 필자는 이 교회의 예배에서 이제까지 어느 교회에서도 경험하지 못한 예배에 대한 집중력과 진지함을 경험했다. 여기저기서 노트필기를 하고, 고개를 끄덕이며 눈을 반짝이는 젊은이들! 그들은 물질과 번영이 모든 선을 대표하고 전통적인 가치와 삶의 경계가 무너져 가는 21세기 포스트모던 시대의 한가운데서 살고 있다. 즉 절대적 가치를 거부하고 신과 종교에 대한 경외를 개인의 여가생활이나 기호 정도로 치부하는 초현대사회를 살아가고 있다.

그러나 이러한 현실에 타협하지 않고 그리스도의 진리를 있는 그대로 선포하는 팀의 메시지는 오히려 회중을 더 깊은 진리와 더 높은 영적 차원으로 끌어올린다. 팀은 매주 회개를 선포하며 점진적인 성화를 요구한다. 회중은 선포된 말씀을 통해 자신의 삶을 평가하고 조율하는 과정을 거친다. 회중이 인터뷰 때 가장 많이 이야기한 것이 바로 이 점이었다. 강한 가르침, 사탕발림 없는 직선적 표현, 타협 없고 깊이 있는 말씀에 매료된 청중은 말씀을 통해 하나님께 나아가 항복하며 더 겸손하고 간절히 그분을 찾는다. 예수 그리스도와 그의 제자들처럼 살라는 메시지는 자연스럽게 세상 속에서의 선교적인 삶과 그리스도인의 책무에 대해 강조한다. 그러므로 그의 메시지는 이 세상을 향한 하나님의 계획과 마음을 이해하고 동참하도록 이끈다.

자율적인 성찬

Reality LA교회의 특징 중 하나는 매주 거행되는 성찬식이다. 사실 성찬식의 회복은 북미 지역에서 새롭게 떠오르고 있는 젊고 건강한 교회들의 공통된 특징이다. 그리고 그들의 성찬은 의식적인 면에 치중한 전통교회와 달리 '참여'라는 부분을 부각시켜 좀 더 자율적이다. 전통교회처럼 설교단 앞에 차려진 화려한 성찬대는 존재하지 않는다. 대신 복도 여러 곳에 놓인 작은 탁자 위에 빵 조각과 포도주가 담긴 잔이 놓여 있을 뿐이다. 설교가 끝나면 조명은 다시 어두워지고 찬양팀이 조용히 찬양을 인도한다. 이때 회중은 자연스럽게 일어나 가까운 쪽에 준비된 탁자에서 성찬에 참여한다. 분병과 분잔을 위한 성찬위원도 없다. 스스로 빵을 포도주에 적셔 먹은 후 하나님과의 더 깊은 만남을 위해 자신의 자리로 돌아간다.

사실 개신교의 전통이 새롭게 정립되기 이전에 회중이 하나님을 경험하는 가장 큰 통로는 바로 성찬이었다. 종교개혁과 함께 예배가 말씀 중심적으로 바뀌었지만 말씀과 성찬은 여전히 하나님의 임재를 경험하는 가장 중요한 통로임에 틀림없다. 그런 측면에서 성찬은 '선포된 하나님의 말씀이 삶 속에서 진정한 승리와 치유를 일으킴을 고백하면서 지성소로 들어

가게 하는 과정'이다.

이때 젊은 회중은 그 어느 때보다 진지하고 겸손하다. 절기에 따른 특별한 의식이 아니라 선포된 하나님의 말씀이 성찬을 통해 내면화되는 것을 경험하면서 주님 앞에서 거룩해지는 것이다.

깊은 기도와 찬양 그리고 파송

Reality LA교회의 성찬식이 감명 깊었던 것은 대부분의 교회가 성찬 이후에 예배를 마치는 것과 반대로 성찬식 이후 30분 정도 기도와 찬양이 이어지기 때문이다. 성찬에 참여한 회중은 이제 자연스럽게 강단 앞으로, 벽으로, 복도로, 혹은 자신이 앉아 있던 자리로 돌아간다. 그곳에서 무릎을 꿇기도 하고 일어서기도 하며 깊은 기도와 찬양을 드린다. 이때 복도 양 옆에는 성도들의 기도를 돕기 위한 중보기도팀이 자리를 잡고 찾아온 회중을 위해 손을 잡고 기도한다. 모든 분위기가 기도와 찬양에만 집중할 수 있도록 구성된 것이다. 찬양 중에는 어떠한 멘트도 하지 않고, 오직 깊은 기도를 할 수 있는 찬양만 드릴 뿐이다. 젊은 회중은 이때 무릎을 꿇고 눈물을 흘리며 기도를 하기도 하고, 두 손을 들고 찬양을 하기도 하며 예배 속에 임하신 하나님을 깊이 체험한다.

단순한 구조, 단순한 사역

Reality LA교회의 구조와 사역은 매우 단순하다. 리더십 구조 역시 단순하여 담임목사와 당회 중심의 수직적 구조 대신 리더십을 함께 공유하는 수평적 리더십을 지향한다. 담임목사인 팀 채딕의 공식 호칭은 당회장이 아닌 설교와 비전 Preaching & Vision 담당 목사이다. 이처럼 모든 교역자와 스태프는 자신의 전문성에 기초한 호칭을 쓰며 수평적이고 협력적인 관계로 사역한다.

특히 필자가 주목한 것은 성도들이 세상 속에서 그리스도인의 정체성을 가지고 살아가도록 도와주는 특별 강좌들이었다. 이 강좌들은 신학과 문화를 선교적인 관점으로 접근한 것이었다. 균형 잡힌 신앙인이 될 수 있도록 하는 교리 강좌와 기독교인의 성장을 돕는 'Equip Series' 현재는 교리 시리즈가 열리고 있다, 문화를 신앙적, 성경적으로 해석하기 위한 'IKON' 기술, 사진, 이미지, 스포츠와 예술 등을 다루며 현재는 기술, 소셜 미디어, 디지털 시리즈가 열리고 있다, 할리우드의 대표 상품인 영화에 대해 성경적 관점을 갖게 해 주는 'Theology&Film' 신학과 영화 등이 그 대표적인 강좌들이다. '신학과 영화'는 할리우드에 있는 교회에 걸맞게 시대적 이슈가 있는 영화를 함께 보고 토론하며, 대중문화와 영화를 기독교적 시각에서 재해석하는 시도를 하고 있다.

* 본 저서가 출판되는 사이 담임목사인 팀 채딕은 런던 London 에 교회를 개척하기 위해 파송되었다. 새로운 리더로서 제르미 트릿 Jeremy Treat 이 세워졌다. 그들의 여정은 현재진행형이다.

리얼리티 LA교회의
사역 원리

첫째, 경험적 예배를 통해 삶을 터치하라.

현대 예배의 권위자인 로버트 웨버 Robert E. Webber 는 젊은 복음주의자들의 예배에 대한 경향성을 다음의 세 가지로 요약했다. 첫째, 엔터테인먼트적인 예배에 반발하고 둘째, 하나님의 임재에 대한 체험을 간절히 사모하며 셋째, 예배의 전례적 요소 liturgical element 를 중요하게 여긴다.[3] 이러한 기준으로 그들은 대형교회 중심의 소비적 사역 모델에 비판을 가하면서 진정한 예배의 회복을 호소했다.

이러한 기준으로 볼 때 Reality LA교회는 예배의 모든 순서와 예식들이 살아 계신 하나님을 경험하는 것에 초점이 맞추어져 있다. 하나님 한 분에게만 집중할 수 있도록 환경을 조성하고, 찬양, 간증, 설교, 기도, 파송 등 예배의 모든 요소가 하나님의 임재를 체험하도록 돕는 것이다.

둘째, 문화에 영성의 옷을 입히라.

지난 20년 동안 교회성장 전문가들은 "현대화하라. 아니면 죽음뿐이다."[4] 라는 구호를 외쳤다. 그래서 교회들은 많은 돈을 들여 문화적 요소를 도입하고 기술과 최첨단 장비를 활용하여 예배를 현대화시키려 노력했다. 하지만 그것이 예배의 참된 회복을 가져오지는 못했다. 오히려 더 많은 교회가 길을 잃고 헤매게 되었다고 해도 과언이 아니다. 교회가 세속적 문화와 영성 사이에서 갈

팡질팡하는 신세가 되어 버린 것이다. 그렇다면 끊임없이 변화하는 세상에서 변하지 않는 말씀을 전하기 위해 복음과 문화를 접목하려는 시도는 합당해 보이는데 왜 열매를 맺지 못하는 것일까?

그 이유는 복음을 위해 문화를 어떻게 활용할 것인가만 고민했지 역으로 문화에 어떻게 그리스도의 영성을 입힐 것인가는 고민하지 못했기 때문이다. 안타깝게도 대부분의 교회는 문화에 대해 대단히 비판적이거나 반대로 문화를 무비판적으로 수용한다. Reality LA교회는 말씀을 기준으로 기술과 문화, 영화와 음악, 스포츠와 예술 등을 분석하여 기독교적 대안을 찾으려고 노력한다. 이렇듯 세속문화의 심장이라 할 수 있는 할리우드 한 가운데서 성경적 관점과 하나님 나라의 관점을 가지고 문화를 비평하고, 동시에 수용하는 모습은 그리스도의 복음 안에서 모든 문화가 구속될 수 있으며 거룩하게 사용될 수 있음을 보여 주는 바람직한 예라고 할 수 있다.

그러나 중요한 사실은 문화에 영성을 입히는 작업은 단시간에 이루어질 수 없으며, 한 사람의 관점에 의해 형성되는 것도 아니라는 사실이다. 이러한 접근은 교회적인 노력이 필요하다.

셋째, 몰입과 집중을 통해 신앙 공동체의 의미와 가치를 드러내라.

Reality LA교회의 외적 사역은 화려하지 않다. 수천 명의 성도가 매주 예배에 참여할 정도로 급성장을 이루었지만, 교회는 건물을 소유하지 않고 여전히 학교 강당을 빌려 예배를 드린다. 담임목사인 팀은 한 인터뷰에서 월마트 형식의 메가처치에 대한 건강한 대안이 되고 싶다고 말했다. 이런 이유로 그들은 매주 예배당을 세팅하고 철거하는 불편한 노력을 기꺼이 감수한다. 대신 그들은 성도들을 세상 속으로 파송하는 일에 집중한다. 또한 교회가 독단적으로 계획하고 진행하는 사역도 절제한다. 이미 그 분야에서 전문성을 가지고 효과적으로 사역하는 단체들과 협력하여 인력과 물질을 흘려보내는 방식으로 사역하는 것이다. 교회의 이런 사역 철학에 젊은이들은 열광한다. 젊은이들의 관심은 얼마나 편안하고 효율적이며 화려한가에 있지 않기 때문이다. 젊은이에게는 자신의 삶을 불태워도 아깝지 않을 만큼의 확신과 가치가 더 중요하다. 이런 측면에서 볼 때 오히려 교회가 성도들을 망가뜨리고 있는지도 모르겠다. 교회는 하나님을 위해 불편을 감수하며 자신의 생명을 불사르는 성도를 만드는 대신 종교를 소비하며 단지 자신의 안위를 위한 도구로 사용하는 종교인을 양산하고 있지는 않는지 스스로 돌아보아야 할 것이다.

홈페이지: *realityla.com*

나가는 말

Reality LA교회는 할리우드로 대표되는 세속문화 속에서도 참된 영성의 추구가 얼마나 강력하게 작동할 수 있는지를 보여 주는 매우 긍정적인 예라고 할 수 있다. 그리고 그 중심에는 예배가 있었다. 조나단 윌슨 Jonathan R. Wilson이 이야기한 것처럼, 예배야말로 모든 사역과 선교의 중심이다.[5] 예배가 죽은 교회, 예배의 역동성을 상실한 교회에게서 부흥과 갱신을 기대하는 것은 불가능하다. 오늘 우리가 드리는 예배는 하나님의 강력한 임재가 있는가? 성령이 성도들의 삶을 만져 변화시키는 역사가 매주 일어나고 있는가? 주일 예배의 감격이 주중의 삶으로 이어져 하나님께 보냄 받은 백성으로 살아가도록 서로를 격려하고 지지하는 공동체를 형성하고 있는가? 우리의 예배는 이 모든 것의 근원이자 원천이 되고 있는가?[6] 점검해 보아야 할 것이다.

MODEL

7

소마 공동체
SOMA Community

주중 모임 중심
식사 초대를 통한 회심
초대교회의 정신
리더의 발굴과 평가
Expression

공동체

소마 공동체 SOMA Community

오늘날 교회는 내·외적으로 강력한 도전에 직면해 있다. 무엇보다 새로운 세대의 출현으로 인해 교회는 어떻게 그들에게 선교적으로 접근해야 할지를 고민하게 됐다. 새로운 세대의 가장 큰 특징은 혁신적인 과학기술을 호흡하며 자라난 세대라는 점이다. 시간과 공간의 장벽이 사라지고 지구촌 어느 누구와도 연결될 수 있는 채널을 가진 세대에게 한 공동체의 신념과 신앙, 체제와 제도가 절대적인 힘을 발휘하기란 사실상 불가능하다. 그런데 교회가 변화된 환경을 이해하지 못하고 과거의 구조와 제도만을 고집한다면, 교회는 이들에게 고리타분한 종교기관처럼 치부되지 않을까?

그러므로 빠르게 변화하는 세상에 대한 교회의 이해와 반응이 어느 때보다 중요한 시점이다. 사실 '사회환경의 변화'라는 현상 자체는 역사 속에서 언제나 존재해 왔다. 즉 변화하는 환경 속에서 불변하는 진리를 증거해야 하는 긴장은 교회 공동체에 부여된 숙명이라고 할 수 있다. 문제는 교회에게 새로운 도전을 극복할 만한 역동성이 있는가 하는 것이다. 다시 말해 하나님의 위대한 선교를 다시금 불타오르게 할 창조적 소수가 교회에 있는가 하는 문제이다. 오늘날 한국 교회의 위기는 바로 여기에 있다. 제도와 신학의 견고한 벽 앞에서 새롭고 창조적인 선교적 도전이 멈춰 버리는 순간, 교회는 경직되고 위축될 수밖에 없기 때문이다.

그 실제적인 예가 북미의 메인라인 mainline [1] 교회라고 할 수 있다. 현재 이들이 처한 상황이 한국 교회의 미래가 아니라고 아무도 장담하지 못할 것이다. 오랜 역사 속에서 자신들만의 신학적 전통을 고수해온 교회들이 급격히 쇠락하여 거대하고 웅장한 교회에 소수의 노인만이 자리를 지키고 있는 모습은 과거에는 상상도 할 수 없는 장면이었다. 불과 몇 십 년 전만 해도 수백, 수천 명의 성도가 모였던 교회들이 급속도로 쇠퇴해 가는 모습은 말 그대로 충격적이다.

이런 상황 가운데 여전히 미국 교회를 지탱하고 있는 두 가지 흐름에 주목할 필요가 있다. 그중 하나가 복음주의를 기반으로 한 소위 메가처치 현상이다. 대형교회에 대한 많은 비판과 비난에도 불구하고 이들은 공격적인 전도와 사회봉사 등의 다양한 프로그램과 서비스를 통해 성도 개개인의 필요를 채우며 지속적인 성장을 경험하고 있다.[2] 많은 성도가 대형교회를 선호하는 현상은 앞으로도 지속될 것으로 보인다. 그러나 훌륭한 시설과 다양한 프로그램으로 성도들을 모으는 메가처치가 시대적 대안이 될 수 있을지에 대해서는 부정적인 시선이 많다. 90% 이상의 교회는 그만한 종교적 상품을 제공할 여력이 없기 때문이다.

동시에 젊고 의식 있는 그리스도인들은 종교를 소비하는 데 만족하지 않고, 참된 그리스도의 제자가 되고자 하는 열망을 가지고 있다. 또한 북미에서 일어나고 있는 교회 갱신 운동의 리더들은 의도적으로 대형화를 피하면서 형식적이고 제도적이지 않은 수평적인 리더십을 지향한다. 이들은 대부분 대형교회를 향해 "사람보다 프로그램에 집중하고, 그리스도보다 도덕을 강조하며 CEO형 지도자를 고용하고, 교회 개척에는 관심이 없다."3)라고 비판하는 젊은 복음주의자들4)이다. 그들은 합리성과 개인주의에 초점을 맞춘 실용주의적 교회보다 원시적 복음에 기반을 둔 공동체적 교회를 원한다. 익명의 다수가 모이는 집회가 아닌 진정한 관계를 원하며 프로그램보다 깊이 있는 복음을 갈망하고, 세속적인 성공과 행복을 향한 도전적 영성보다 세상 한가운데서 그리스도의 제자로 살아가는 실천적 영성을 추구한다. 즉 이들은 작은 예수가 되고자 하는 열망으로 일상속에서 초대교회의 모델을 좇는 것이다. 그 대표적인 흐름 중 하나가 '선교적 공동체로서의 교회' Church as Missional Community 5) 운동이다. 6) 여기서는 북미 지역에 선교적 공동체 운동을 확장시키고 있는 '소마 공동체' Soma Community 를 조명해 보고자 한다.

소마 공동체의 주일 모임

주일 아침, 필자는 LA 근교에 위치한 소마 공동체의 주일 예배에 참석하기 위해 주소를 검색하고 내비게이션을 켰다. 놀랍게도 도착한 목적지는 교회가 아니었다. 작은 상점들이 모여 있는 거리에는 십자가 대신 이동식 안내 간판 하나가 놓여 있었다. 화살표가 가리키고 있는 곳은 작은 식당이었다. 전통적 교회와 많이 다를 것이라는 예상은 했지만, 막상 식당에서 주일 예배를 드릴 생각을 하니 어색함이 몰려왔다. 용기를 내어 들어간 내부는 기존 식당의 모습을 그대로 유지한 모습이었다. 식당 한쪽 작은 무대 위에 앰프와 악기, 보면대가 놓여 있었고, 그 옆에는 떡과 포도주가 놓인 테이블이 있었다. 예배에 참석한 사람들은 대부분 2-30대 초중반의 젊은 백인이었다. 갓난아이와 어린 자녀를 데리고 온 젊은 부부들이 눈에 많이 띄었다. 예배 전 성도들은 한눈에도 친밀한 사이임을 알 수 있을 만큼 가족적인 분위기를 자아냈다. 처음으로 그 모임에 참석한 필자를 맞이하는 태도도 남달랐다. 마치 예전부터 공동체의 일원이었던 것처럼 인사를 하고 안부를 물으면서 편안한 마음이 들게 했다.

30-40명 정도가 모인 주일 예배는 단순한 형식으로 참여적 성격이 강하게 나타나는 예배였다. 20분 정도의 찬양을 드린 후 설교, 성찬, 광고, 축도 순으로 예배가 진행되었고, 설교는 전체적인 맥락과 흐름을 설명한 후 회중에게 다양한 질문을 던지고 답하는 형식이었다. 일부 특정인에게만 국한되지 않고 대부분의 회중이 자기 생각과 의견을 제시하고, 그것을 듣고 서로 반응하는 모습이 인상적이었다. 그들에게서 신앙적인 학습 공동

체의 모습을 발견할 수 있었다. 이후 성찬과 기도의 시간이 이어졌는데, 소그룹 별로 혹은 가족별로 나와 성찬에 참여한 후 함께 손을 잡고 진지하게 기도했다.

LA 근교의 다른 지역에 있는 소마 공동체를 찾았을 때도 예배 형식은 매우 유사했다. 그 공동체는 식당 대신 창고를 개조해서 예배를 드렸는데 공동체의 규모는 조금 더 커서 약 150명 정도의 성도가 모였다. 젊고 가족적인 분위기는 동일했고, 상대적으로 어린아이를 둔 부모가 많은 것이 특징이었다. 인종적으로도 더 다양하게 구성되어 있었고, 비교적 나이가 많은 가족들도 있었다. 이 모임에서는 광고 시간에 공동체별로 여름 사역을 어떻게 진행할지를 나누는 시간이 있었다. 각 공동체는 각기 다른 사역 계획을 발표했다. 지역에 있는 유학생을 섬기는 공동체, 어린이들을 돌보는 공동체, 이웃들과 바비큐 파티를 열고 친분을 쌓는 공동체, 바닷가에서 전도하는 공동체, 지역 주민들을 초청해서 영화 관람을 하고 교제를 나누는 공동체 등 공동체별로 다양한 사역 계획이 나누어졌다.

예배를 마치고 라이언 Ryan Wolfe 이라는 30대 초반의 젊은 리더와 이야기를 나누게 되었는데 그는 현재 변호사로 시 의회에서도 활발하게 활동하고 있는 청년이었다. 어릴 적부터 전통적인 루터 교회에서 신앙생활을 해 왔던 그는 성인이 되면서 점차 교회에 대해 의문을 갖게 되었다. 그의 눈에 비친 교회는 예수 그리스도의 제자로서 하나님의 사역을 하는 곳이라기보다 습관과 관습에 젖어 종교적인 제의를 반복하는 곳처럼 느껴졌기 때문이다. 이런 신앙의 방황기를 거치면서 예수님을 진정으로 따르고 싶은 갈망이 커졌을 때 만난 곳이 '소마 공동체'였다.

소마 공동체는 주일 모임이 아니라 주중에 모이는 소그룹 공동체를 교회로 여긴다. 사실상 10-12명 규모의 공동체가 교회이며, 주일에는 지역의 공동체들이 함께 모여 연합 예배를 드리는 것이다. 이 공동체의 특징은 주일 하루가 아니라 주 7일을 그리스도와 동행하면서 세상 속에서 하나님의 선교를 이루어 가기를 열망하는 공동체라는 점이다.

이 공동체를 제대로 이해하기 위해서는 주중 공동체 모임에 참석해 볼 필요가 있었다. 그래서 필자는 라이언의 초청으로 주중 공동체 모임에 참석했다.

소마 공동체의 주중 모임

월요일 저녁 7시, 라이언의 집에서 공동체 모임이 열렸다. 필자가 도착했을 때는 이미 많은 사람이 모여 분주하게 움직이고 있었다. 성경공부와 나눔을 위해 모였다기보다는 가족모임 같은 느낌이었다. 멤버들이 웃고 대화하며 함께 식사를 준비하면서 자연스럽게 모임이 진행되었다. 사실 개인주의가 발달한 서구 사회에서는 사람들을 집으로 초대해 식사를 함께 하는 것 자체가 매우 드문 일이다. 그런데 이들에게는 함께 요리하고 식사하는 것이 매우 자연스러운 일상처럼 보였다. 더 놀라운 점은 그곳에 모인 사람 중 많은 이들이 그 집에서 공동체 생활을 하고 있다는 점이었다. 그리 크지 않은 집에서 전문적인 일을 하는 백인들이 공동체 생활을 하고 있다는 사실이 언뜻 이해가 가지 않았다.

인터뷰를 하면서 필자는 그들에게서 그리스도의 제자로서 선교적인 삶을 살고자 하는 강한 열망을 발견했다. 그래서 그들은 공동체 생활을 하며 주변에 있는 이웃들을 초청하여 식사를 나누고 친분을 쌓으면서 하나님께서 함께하는 삶의 아름다움을 전하고 있었다. 실제로 그 모임에 있던 사람의 절반은 공동체의 식사 초대를 통해 교제를 나누다가 예수 그리스도를 믿게 된 사람들이었다. 마침 필자가 방문한 날도 그렇게 성장한 공동체가 새로운 공동체로 분가하는 날이었다. 따라서 그날 밤은 성경공부 대신 밤늦게까지 선교적인 공동체에 대한 이야기와 비전을 나누었다. 모임의 마지막에는 새로운 공동체를 분가시키는 의식을 가졌다. 다른 지역으로 파송되는 멤버들이 헌신을 다짐하는 서약서에 서명을 하고 그들을 위해 함께 기도하고 축복하는 순서로 진행되었다.

집으로 돌아오는 동안 여러 가지 생각이 들었다. 오늘날과 같은 시대에 공동체적 삶을 추구하는 것도 신선했지만, 전문직을 가진 젊은이들이 자발적으로 함께 살면서 이웃에게 복음을 증거하기 위해 노력한다는 사실이 매우 충격적으로 다가왔다. 물론 모든 소마 공동체가 이렇게 함께 사는 것은 아니었지만, 다양한 형식과 형태로 선교적인 삶을 살아내는 것이 소마 공동체의 특징이다. 이런 측면에서 그들은 매우 강한 원리와 원칙에 입각해서 공동체를 형성하고 복음을 증거하는 일에 집중하는 그리스도의 제자들이었다.

소마 공동체의 기본 정신

'소마' soma 란 한 지역 교회를 지칭하는 용어가 아니다. 원래 소마 soma 란 용어는 바울이 예수님이 주인 되시는 그리스도의 몸 된 교회를 묘사하기 위해 사용한 헬라어였다 엡 1:22-23. 첫 소마 공동체는 교회 개척 지도자인 제프 밴더스텔트 Jeff Vanderstelt 와 시저 칼리노프스키 Ceasar Kalinowski 에 의해 시작되었다. 이들은 소마 공동체를 시작하기 전 윌로우크릭교회와 같은 대형교회에서 사역했던 경험을 기반으로 좀 더 성경적인 교회를 개척하기 원했다. 건물이 아니라 사람이 중심인 교회, 그리스도의 복음을 통해 부름 받고 보냄 받는 제자들이 양성되는 교회, 개인의 구원을 넘어 공동체와 사회를 품는 교회, 예수님의 성육신 정신을 본받아 세상 가운데 사람들과 섞여 살면서 복음적인 삶을 통해 지속적으로 생명력 있는 공동체를 재생산하는 교회를 만들기 원했다.

그들은 성도들이 매일의 삶 속에서 교회 됨을 실천하며 예수님의 살아계심을 경험하는 공동체적 형태를 강조했다. 교회가 개인이나 집단이 아니라 소그룹 형태로 이루어질 때 가장 효율적인 사역을 할 수 있다는 믿음이 있었기 때문이다. 2004년 시애틀 터코마 Tacoma, WA 지역을 기반으로 시작된 소마 공동체는 처음부터 그런 공동체를 이끌 리더를 양육하는 데 초점을 맞추었다. 9개월이 지나자 4개의 선교적인 공동체를 구성할 수 있었다. 그렇게 2004년 9월 14일, 소마의 공식적인 사역이 시작되었다. 그들은 지속적으로 리더를 키우고 양육하면서 그리스도를 알지 못하는 사람들을 전도하여 제자화하는 사역에 집중했다. 밴더스텔트는 소마 사역의 핵심에 대해 다음과 같이 이야기했다. "우리의 사명은 선교사로서의 정체성을 가진 '제자를 만드는 제자'를 만들어 다시 세상으로 보내는 것이다!" 그들은 온 교회가 성령으로 하나 되어 도시와 지역을 복음화시키는 비전을 품었다. 그리고 이를 위해 소마 공동체의 축적된 자원과 노하우를 다른 교회들과 공유할 수 있기를 꿈꾸었다. 10년 전 이러한 꿈과 비전으로 시작된 작은 공동체가 현재 미국 10개 주States에 걸쳐 백여 개 이상의 공동체로 확장되었다. 또한 이를 통해 수천 명의 사람이 매일의 삶 속에서 선교적인 삶을 살아가는 새로운 교회 운동이 일어나게 되었다.

소마 공동체의 정체성

그렇다면 소마 공동체가 추구하는 선교적 공동체의 정의와 정체성은 무엇인가? 그들은 선교적 공동체가 소그룹이나 성경공부 그룹, 봉사 그룹이나 사회활동 그룹, 또는 교회의 주중 모임과 구별되기를 원한다. 소마 선언서에 따른 정의는 다음과 같다.

"선교적 공동체는 헌신된 성도들로 구성된 공동체로서Family, 특정한 지역과 그룹에 속한 사람들에게 복음을 증거하기 위해 선교적 삶을 살아가고Missionaries, 가시적 형태로 복음을 증거하며Servants 자신과 타인의 발전을 위해 서로 책임을 지는Learners 제자들의 모임이다."7)

이들은 선교적 공동체의 정체성을 설명하기 위해 다음의 4가지 요소를 핵심으로 삼는다.

첫째, 가족 됨의 정체성이다. 소마 공동체는 성도들이 하나님의 자녀이자 가족으로서 서로를 돌보는 것을 중요한 가치로 여긴다. 이들은 추상적 의미의 가족이 아니라 물리적이고 영적인 차원에서의 가족 됨을 실제로 실천하고 있다. 또한 그리스도를 닮아가도록 제자들을 훈련하고 양육할 책임을 강조한다. 이를 위해 공동체 내의 더 작은 공동체인 DNA그룹을 통해 서로의 성장을 도모하고 격려한다. 창 12:1-3; 요 1:12-13; 롬 12:10-16

둘째, 선교사로서의 정체성이다. 하나님께서는 세상을 구원하기 위해 예수 그리스도를 이 땅에 보내셨으며 예수님은 세상에서 사람들과 함께 거하셨다. 사람들이 예수 그리스도의 삶을 보고 하나님 나라를 경험할 수 있었던 것처럼, 소마의 구성원들은 자신을 선교사로 인식하고 자신을 통해 하나님의 통치하심이 드러날 수 있도록 선교적 삶을 살아야 한다. 요 1:14; 20:21; 골 1:19; 고후 5:17-21

셋째, 섬기는 자로서의 정체성이다. 주님께서는 자신을 낮추시되 종과 같이 되셨을 뿐 아니라 생명까지 주심으로 구원과 화평, 그리고 회복을 이루셨다. 그리스도를 따르는 제자로서 소마의 구성원들은 예수님과 같이 낮아지는 겸손을 추구한다. 또한 그분이 원하시고 이끄시는 것은 무엇이든지 whatever 행하고, 언제든지 whenever, 어디든지 wherever 가는 삶이 되기를 소원한다. 8) 마 20:25-28; 25:31-45; 요 13:1-17; 빌 2:5-11; 벧전 2:16

넷째, 배우는 자로서의 정체성이다. 이들은 예수님의 제자로서 서로를 책임지며 함께 배우고 성장하기 위해 노력한다. 예수님께서도 하나님과의 지속적인 교제를 통해 사역을 완수하실 수 있었다. 마찬가지로 성도들도 하나님과의 개인적인 교제를 통해 성숙을 이루고, 서로가 서로를 책임지는 훈련 과정을 통해 성장할 수 있다. 눅 2:52; 마 28:18-20; 엡 4:11-13; 딤후 2:2

소마 공동체의 가치와 정체성은 철저하게 예수 그리스도의 삶과 사역에 기초를 두고 있다. 또한 성도들을 이 시대의 선교사로 정의하면서 분명한 사명선언문을 만들고 이를 바탕으로 공동체적 정체성을 형성하였다.

소마 공동체의 구조와 사역 원리

프랭크 바이올라 Frank Viola 는 1세기 교회의 특징을 추적하면서 성경에 묘사된 초대교회의 모임은 오늘날의 주일 모임과 많은 부분에서 달랐다고 말한다. 무엇보다도 모임의 특권과 책임이 모든 성도에게 부여됨으로써 한 사람의 지도력이 아닌 서로가 서로를 책임지는 특성을 지녔다고 표현했다. 초대교회는 열린 구조 속에서 성도들이 자발적이고 자유롭게 사역할 수 있었던 것이다.[9] 전통적이고 제도적인 교회 형태 대신 가족적이고 공동체적인 구조를 통해 선교적 사역을 실천하고자 하는 소마 공동체의 사역적 특징은 바로 이러한 초대교회의 정신과 구조를 회복하여 계승하고자 하는 노력의 일환인 것이다.

소마 공동체는 교회란 '하나님의 목적 for God's Purpose 을 위해 하나님의 능력 by God's Power 에 의해 구원받은 하나님의 사람들 God's People'이라고 정의한다. 즉, 교회의 정의는 무엇 what 에 관한 것이 아니라 누구 who 에 관한 것이다. 그러므로 교회의 관심과 사역 원리 역시 프로그램이나 건물이 아닌 '사람'에게 맞춰져야 한다. 그리고 모든 사역은 선교적 정체성을 가진 헌신된 사람들에 의해 계획되고 진행되어야 한다.

소마 공동체에게 그들이 살고 있는 지역은 가장 기본적인 선교지이다. 이 때문에 그들은 자신의 집에 친구와 동료, 이웃 사람들을 초대한다. 사람들을 공동체로 초청하고 그 모임을 통해 예수 그리스도를 인격적으로 만나게 하며 나아가 그들이 예수 그리스도의 제자가 되기까지 훈련시켜 또 다른 공동체를 이끌 만한 리더로 성장시키는 것이 최종 목표이다. 이처럼 소마 공동체는 그들이 속한 지역에서 지속적인 섬김과 봉사를 통해 세상의 빛과 소금으로서의 역할을 감당하며, 자연스럽게 이웃들을 만나고 교제하면서 그리스도를 전하기 위해 노력한다.

DNA그룹

소마 공동체는 기본적으로 8-20명의 소그룹으로 구성되지만, 개인의 성장과 성숙을 위해 이 소그룹은 더 작은 그룹으로 나누어진다. 'DNA'라고 불리는 이 그룹은 3명으로 이루어지며 남자와 여자가 구별되어 구성된다. DNA그룹은 공식적인 주중 모임 외에 별도로 최소 일주일에 한 번 이상 모여서 서로를 지지하고 격려할 뿐 아니라, 서로의 신앙성장을 위해 노력한다. 버뱅크 Burbank 지역의 소마 공동체들을 이끌고 있는 마이크 브라운 Mike Brown은 DNA그룹은 같은 성별로 구성되기 때문에 더 깊은 관계가 형성되며 서로에 대한 신뢰를 기반으로 선교적 정체성이 강화되는 효과가 있다고 말한다.

공동체의 연합 : EXPRESSION

복음을 증거하기 위해 형성된 선교적 공동체에게 증식과 분가는 매우 자연스러운 일이다. 선교적 삶을 통해 전도가 이루어져서 일정 이상의 사람이 모이면 선교적 공동체는 훈련된 리더와 함께 새로운 공동체를 분가시킨다. 이렇게 분가를 통해 이루어진 공동체의 연합을 'Expression'이라고 부른다. 선교적 공동체들의 지역 연합으로 볼 수도 있는 Expression은 그 지역의 복음전파를 위해 훈련과 교육 등의 전략을 함께 세우고 주일 예배 등의 연합 행사도 함께 주관한다. 일종의 지역 교회 역할을 감당하는 것이다.[10]

결론적으로 소마 공동체의 기본 단위와 구성은 아래와 같이 형상화될 수 있다. 8-20명의 성도가 모여 하나의 선교적 공동체를 이루고, 이 안에는 3명의 남자와 3명의 여자 멤버가 각각 만나는 DNA그룹이 있다. 또 이러한 선교적 공동체들의 지역 모임인 Expression이 있다. 그리고 이러한 Expression들이 모여 하나의 소마 공동체가 된다.

 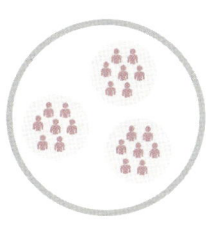 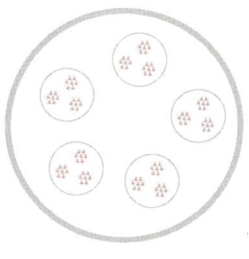

선교적 공동체
8-20명의 멤버
+ DNA 그룹

EXPRESSION
선교적 공동체들의
지역 연합

소마 공동체
많은 EXPRESSION으로
구성된 하나의 교회

소마 공동체의 구조[11]

소마 공동체의 리더십

소마 공동체는 리더십의 공유를 지향하는데 특히 예언자적 리더십, 제사장적 리더십, 왕적 리더십을 핵심 요소로 본다. 예언자적 리더십은 하나님의 성품, 복음 메시지, 선교 등 변하지 않는 진리에 집중한다. 제사장적 리더십은 다른 사람의 영혼과 삶에 대한 돌봄을 강조한다. 왕적 리더십은 구조와 전략적 사고, 그에 따른 실천 등을 통해 가시적인 방법으로 하나님의 선교가 실현될 수 있도록 이끄는 리더십이다.

각 리더십의 역할은 멤버들의 은사에 따라 나뉘고, 리더십들은 서로 협력하여 공동체를 이끌어 간다. 물론 각 리더십의 직책은 결코 공동체 안에서의 어떤 권한과 특권을 의미하지 않는다. 오히려 하나의 공동체를 온전히 이끌어 가기 위한 책임 배분과 사역적인 의미가 크다. 따라서 이들은 인격적인 신뢰를 기반으로 서로 협력하며, 공동체의 존재와 사역을 위해 팀으로서 섬긴다. 이러한 리더십 구조는 모든 소마 공동체에 요구되는 것이다.

소마 공동체에게 리더를 발굴하고 개발하는 사역은 매우 중요하다. 리더 교육을 위해 소마 공동체는 정기적으로 소마 스쿨 Soma school 을 열고 미팅을 가진다. 매달마다 리더들은 자신의 리더십 코치를 만나야 하고, 일 년을 주기로 평가를 받는다. 이러한 훈련과 시스템을 통해 리더들은 개인의 영성을 성장시키고, 소마 공동체의 핵심가치를 성경적, 신학적으로 공유하며 공동체를 이끌어 나갈 리더로서의 정체성을 함양한다. 흥미로운 점은 리더는 새로운 리더를 발견하고 성장시키는 일 역시 감당해야 한다는 점이다. 그리고 최소 2~3명의 비그리스도인과 관계를 맺고 이들이 그리스도의 제자가 되도록 이끌어 주고 훈련시켜야 할 책임 또한 져야 한다.

소마 공동체의
사역 원리

첫째, 교회의 본질인 공동체성을 회복하라.

공동체는 하나님의 가장 근본적인 속성이다. 성부, 성자, 성령이 하나인 것처럼 교회도 하나이고 성도도 하나이다. 그러나 사회가 도시화, 현대화되면서 개인주의적 사고와 삶이 편만해졌다. 교회도 마찬가지이다. 그러나 성도들이 공동체와 하나님 나라를 위해 자신을 내려놓고 다른 사람을 위해 살아갈 때 비로소 교회는 세상과 구별된다. 진정한 교회 갱신은 그리스도 안에서 이러한 공동체성이 회복될 때 이루어질 수 있다.

둘째, 교회의 작은 기관들까지 선교적 정체성을 지닌 공동체로 변형시키라.

기존의 전통적인 교회들이 소마 공동체와 같은 급진적 형태로 재편되는 것은 사실상 어려운 일일 것이다. 그러나 교회의 체질을 선교적으로 바꾸고, 성도가 주체가 되어 사역을 실행하는 것은 불가능한 일이 아니다. 벤 엥겐은 "모든 하나님의 백성이 함께 교회를 이루도록 부르심을 받았다."는 사실을 강조한다. 또한 그는 10%가 아니라 나머지 90%의 성도도 자신에게 주어진 소명을 인식하고 사역에 참여해야 한다고 말한다. [12] 사실 한국 교회는 구역이나 셀, 목장, 가정교회 등 다양한 형태의 소그룹 구조를 가지고 있다. 한국 교회의 문제를 푸는 열쇠는 이러한 소그룹들이 선교적 정체성을 가지고 하나님 나라를 위해 창조적인 사역을 행하는 것이다. 이를 위해 교회의 체질을 바꾸고 성도들의 용기를 북돋우면서 격려를 아끼지 말아야 한다. 즉 교회는 성도들이 하나님 나라를 위해 창조적으로 헌신할 수 있도록 구조와 교육을 제공해야 하는 것이다.

셋째, 성육신적인 삶을 위한 선교적 삶의 패턴을 만들라.

선교적 공동체의 성공여부는 성도들의 주중 삶 The other six days 에 달려있다.13) 소마 공동체는 이를 위해 선교적 삶의 패턴을 만들었다. 문제는 그러한 특성과 패턴을 한국적 상황에 그대로 적용하는 것이 어렵다는 점이다. 한국적 상황에 맞는 선교적 삶의 패턴을 만들어야 한다. 그리고 중요한 점은 이 역시 어떤 공식이나 틀에 얽매여서는 안 된다는 점이다. 필자는 아래로부터 일어나는 운동의 중요성을 강조하고 싶다. 즉 목회자나 지도자들의 생각과 계획에 의해 제시되는 삶의 패턴이 아닌 실제로 세상 속에서 그러한 삶을 살아내야 하는 성도들이 함께 모여 고민하고 기도하며 실험해 가면서 자기 자신이나 공동체에 맞는 사명과 선교적 삶의 패턴을 만들어가야 한다.

넷째, 평신도 리더십 개발에 역점을 두라.

소마 공동체는 신학교육을 받은 교역자들과 평신도들의 역할이 아름다운 균형을 이룬다. 신학교육을 받은 교역자들은 평신도들에게 신학적 훈련을 제공하면서 사역의 틀을 만들고, 평신도 사역자들은 선교적 공동체를 실제로 이끄는 주체로서 협력한다. 이러한 균형과 협력 안에서 그들은 지속적으로 새로운 리더들을 발견하여 훈련시켜 사역을 확장해 간다. 데이빗 와슨 David Watson 이 이야기한 것처럼 성도들은 성경적으로 성직자들이요 제사장들이다.14) 이 시대에 새롭고 창조적인 사역을 하기 위해서는 평신도들의 잠재력과 가능성을 최대한으로 이끌어 내며 더욱 적극적으로 개발하여 사역의 파트너로 삼아야 한다. 단순한 지배와 조종의 리더십이 아닌 함께 고민하며 세워가는 변혁적 리더십이 요구되는 시점이다.

홈페이지: wearesoma.com

나가는 말

소마 공동체는 이 시대에 교회가 여전히 세상을 향해 선교적 사명을 감당할 수 있는가 하는 문제와 기존의 교회가 어떤 모습으로 변화되어야 할 것인가에 대해 과제를 던져준다. 더불어 교회 갱신을 위해서는 교회의 본질적 사명이 회복되어 모든 성도가 하나님의 선교에 동참하고자 하는 열정으로 불타올라야 한다. 교회가 새롭고 창조적인 사역을 감당하기 원한다면 선교적 공동체로의 회복은 선택이 아니라 필수임을 기억하라.

MODEL **8**

락하버교회
Rock Harbor Church

사역 철학으로 세워진 교회
티칭 팀
기도와 금식
Seek Week
2+1 사역
위대한 파송

창조와 혁신

락하버교회 Rock Harbor Church

사역 철학과 창조적 사역

마이클 프로스트 Michael Frost 와 알렌 허쉬 Alan Hirsch 는 전통적인 교회와 선교적 교회의 특성을 비교하면서, 전통적이며 제도화된 교회일수록 사람을 끌어당기는 attractive 사역 형태를 취한다고 설명했다.[1] 즉 교회가 사람의 마음을 끄는 장소가 되기 위해 화려한 건물을 짓고, 편리한 환경을 조성하며 다양한 프로그램과 서비스를 제공함으로써 사람들이 찾아오게 만드는 목회를 추구하는 것이다.

한때 이러한 방법이 통하던 때가 있었고, 지금도 유용하게 사용되고 있다. 교회는 크고 화려한 성전을 짓고 편안한 극장식 의자와 완벽한 시설을 갖추기 위해 천문학적인 돈을 지불하고 있다. 최고의 음향과 조명, 눈이 부시도록 번쩍이는 대리석과 럭셔리한 실내장식 등의 시설을 갖추기 위해 집중적인 투자를 하는 것이다. 교회 내 프로그램들은 어떤가? 대부분의 교회가 내실을 다진다는 명목으로 많은 프로그램을 실시하고 있다. 다양한 성경공부, 단계별 제자훈련, 사역 훈련, 지도자 훈련 등 끊임없이 이어지는 훈련 프로그램이 1년 내내 가득 차 있다.

문제는 교회의 관심이 이런저런 명목으로 내부 사역을 유지하고 발전시키는 데 집중되어 있다는 사실이다. 대부분의 성장이 수평이동을 통해 이루어지고 있는 오늘날 교회의 사역은 냉정하게 평가하면 반복과 복기의 수준으로 전락해 버렸다.

교회 지도자들은 저마다 새롭고 창조적인 사역을 해야 한다고 목소리를 높인다. 그런데 어떻게 하면 천편일률적인 목회 패러다임에서 벗어나 독창적이고 창조적인 사역을 할 수 있을까? 대형교회의 목회자가 개최하는 세미나에 수백, 수천 명의 사람이 몰려들지만, 막상 배운 것을 자신의 교회에 도입해 보면 결과가 신통치 않다. 목회는 그 대상과 상황, 공동체의 특성 때문에 하나의 실례를 획일적으로 적용시키는 것 자체가 무리인 것이다. 선교학적 관점으로 볼 때, 교회는 다음의 네 가지 관점에서 자신의 사역을 평가해 보아야 한다.

자기자신 pilgrimage: 자신의 은사와 사명은 무엇인가?
말씀 word: 성경적, 신학적으로 목회 철학이 바로 세워져 있는가?
교회 church: 사역에 대한 객관적, 분석적 평가가 이루어지고 있는가?

세상 world: 사역의 대상과 상황에 대한 정확한 이해가 있는가?

창조적 사역을 하기 위해서는 우선 자신의 부르심과 은사에 대한 이해를 바탕으로 성경적, 신학적 사역 철학을 세우는 작업이 선행되어야 한다. 이와 함께 사역의 대상과 상황에 대한 정확한 분석을 기초로 지금까지 진행해온 사역들을 평가하여 미래지향적인 사역을 개발하고 연구하려는 노력을 기울여야 한다. 실제로 사역자들 중에는 자기 자신에 대한 이해가 부족한 사람도 있고, 성경적인 목회 철학이 명확하지 않은 사람도 많다. 또한 실행하고 있는 사역들을 한번도 냉철하게 평가해 본 적이 없고, 교회의 상황에 대한 제대로 된 인식조차 없이 무조건 열심만 내는 사역자도 있다. 그 결과 사역이 중심을 못 잡고 위태로운 것은 불 보듯 뻔한 일이다.

'우리는 왜 존재해야 하는가? 무엇을 위해 존재해야 하는가?'에 대해 분명하게 답할 수 없다면 그 교회는 공동체에 부여된 고유한 사명을 발견하지 못한 것이다. 또한 사역의 선택과 집중도 지역 공동체에 대한 이해와 사역 철학이 명확할 때에야 비로소 가능하다.

락하버, 새로운 교회를 꿈꾸다

1997년, 캘리포니아 오렌지카운티의 코스타 메사 Costa Mesa 지역에 복음으로 지역 공동체를 변화시키기를 꿈꾸는 새로운 교회가 설립되었다. 그들은 항구도시인 코스타 메사 지역에 하나님의 반석이 되겠다는 꿈을 꾸며, 교회 이름을 '락하버' Rock Harbor 라고 지었다. 이름에서 느껴지듯 락하버교회는 전통적인 지역 교회들과는 다른 색깔을 지녔다. 사실 오렌지카운티 Orange County 지역은 미국에서도 가장 부유한 사람들이 모여 사는 동네로 교회가 매우 많은 곳이다. 『목적이 이끄는 삶』의 저자로 유명한 릭 워렌 Rick Warren 목사의 새들백교회 Saddleback Church 를 비롯해 많은 대형교회가 이미 그곳에 자리 잡고 있었다. 이런 이유로 샌디에고 주립대학교 UC San Diego 의 사회학자인 존 에반스 John Evans 교수는 오렌지카운티 지역이 근대 복음전도의 중심지 ground zero 와 같다고 묘사하기도 했다. 그런데 이렇게 많은 대형교회가 존재하는 지역에 과연 또 다른 교회가 필요할까?

락하버교회는 교회를 떠난 세대, 즉 기성교회로부터 소외된 세대를 위해 시작된 교회다. 흥미로운 점은 오렌지카운티의 또 다른 메가처치인 마리너스교회 Mariners Church 가 다음 세대를 위한 사역의 필요성을 느끼고 교회 개척을 기꺼이 지원하였다는 점이다.

이들은 먼저 철저한 사전조사를 통해 지역을 선정했다. 그 결과 그리스도인의 비율이 가장 낮고, 인근 지역에 비해 범죄율이 높은 도시인 코스타 메사를 선정하게 되었다. 그러나 사실 이 결정은 전략적인 측면에서 볼 때 효과적인 선택이 아니었다. 대부분의 교회 개척은 새로운 인구가 유입되는 신생 도시를 중심으로 이루어지기 때문이다. 그러나 락하버교회의 개척자들은 단순히 교회의 수적 성장을 꿈꾸지 않았다. 그들은 복음으로 지역을 변화시키길 원했기에 효율이 아닌 모험을 선택하고 함께 창조적 여정을 시작했다.

　락하버교회의 성장 속도는 매우 빨랐다. 첫 모임에 250명의 사람이 모인 것을 시작으로 한 달 후에는 350명, 1년 후에는 750명의 회중이 모이는 교회로 성장했다. 현재 락하버교회는 멀티사이트 교회 Multi-Site Church 로서 5개의 지역 캠퍼스에서 총 13번의 주일 예배를 드리며, 매주 오천 명 이상이 모이는 공동체가 되었다. 평균 연령 30세, 69%의 미혼자, 40%의 대학생으로 구성된 락하버교회는 그들의 비전대로 창조적이고 혁신적인 사역을 통해 지역 변화의 촉매제 catalyst 역할을 하며 하나님 나라를 확장하는 교회의 모델이 되었다. 그러나 락하버교회는 단순히 빠른 성장을 이룬 또 하나의 메가처치가 아닌 지역과 사회에 강력한 영향력을 미치는 교회로 성장해 가고 있다. 무엇이 그것을 가능하게 했을까? 필자는 락하버교회를 연구하면서 건강한 사역 철학과 핵심가치가 이 교회의 모든 사역을 강력하게 뒷받침하고 있음을 확인할 수 있었다. 물론 많은 교회가 나름대로의 사역 철학과 목표를 가지고 있다. 그러나 모든 사역이 그것에 기초해서 유기적으로 실행되는 경우는 매우 드물다. 설립 당시부터 형성된 사역 철학과 핵심가치는 이제 락하버교회의 DNA가 되어 모든 사역에 철저하게 스며들어 교회에 생명력을 불어넣고 있는 것이다. 락하버교회는 이런 측면에서 건강한 사역 철학에 입각해 시대에 맞는 창조적인 사역을 시작한 교회의 모델이라 할 수 있다.

사역 철학과 핵심가치

락하버교회의 모든 활동은 설립 초기부터 형성된 사역 철학으로부터 나온 것이다. 교회의 설립 멤버이자 담임목사로 교회를 이끌고 있는 토드 프록터Todd Proctor는 "만일 우리 교회가 현재에 안주하여 편안함을 추구하고 있다면 그것은 우리가 매우 잘못된 길을 가고 있다는 뜻이다." 라고 말한다. 락하버교회의 가장 중요한 핵심가치는 '복음을 함께 살아내는 공동체로서의 교회'가 되는 것이다. 이 핵심가치를 현실화하기 위해 그들은 기꺼이 모험을 감수하는adventurous 그리스도의 제자가 되기를 꿈꾼다. 그리고 그러한 공동체가 되기 위해 다음의 4가지를 핵심가치markers로 정했다.

첫째, 락하버교회의 정체성identity은 예수 그리스도에 기초한다. 댄 킴볼Dan Kimball은 새롭게 부상하는 세대, 즉 이머징 세대에 대한 조사를 통해 다음과 같은 의미심장한 사실을 발견했다.

"They like Jesus but not the church."[2)]

미국의 젊은 세대에게 교회란 정치적이고 조직적인 종교기관으로서 독단적이며 자기중심적인 단체로 인식되고 있다. 기독교의 흔적은 문화적 아이콘이나 이미지로 여전히 남아 있지만, 진정한 기독교의 정신은 실종되었다는 것이다. 아이러니하게도 이 세대는 참된 십자가 정신, 즉 소외되고 가난한 자를 돌아보며 하나님 나라를 위해 기꺼이 자기 자신을 내어드리는 예수의 정신에 오히려 갈증을 느끼고 있다. 락하버교회는 이러한 측면에서 예수 그리스도 안에서 공동체의 정체성을 확립하고, 예수 그리스도의 사역을 지역 사회에서 실천하기 위해 노력을 기울이고 있다.

둘째, 가족family으로서 하나 됨을 지향한다. 개인화가 심화되어 가고 있는 이 시대에 이천 명의 성도가 150개의 'Life Group' 소그룹에 소속되어 초대교회의 공동체 정신을 이어가고 있다. 그들은 매주 가정집에 모여 식사와 교제를 하며 성경공부와 기도를 통해 공동체를 만들어 간다.

셋째, 개인과 공동체는 선교mission를 사명으로 받아들인다. 락하버교회는 지역 중심적인 선교와 글로벌 차원의 선교를 병행한다. 우간다와 인도, 남아프리카와 멕시코를 중심으로 이루어지는 해외 선교와 더불어 지역 사회를 섬기고 변화시키는 사역에 교회의 역량을 집중하고 있다.

넷째, 하나님 나라를 위한 희생sacrifice적 삶이다. 실제로 락하버교회에서 진행하는 대부분의 사역은 능동적인 자원봉사자들에 의해 행해지고 있다. 물질적 헌신도도 매우 높은 편인데, 흥미로운 점은 오천 명의 성도가 모이지만 교회 건물은 여전히 5-600명 정도를 수용할 수 있는 규모라는 것이다. 성도들과 교회가 불편을 감수하고서라도 본질적인 사역에 집중하고자 하는 정신을 엿볼 수 있다.

상징과 예술로 승화된 예배당 Warehouse Church

코스타 메사에 자리 잡은 예배당은 겉으로 보기에는 여느 창고나 오피스 건물과 다르지 않다. 직사각형 모양의 단층으로, 넓게 펼쳐진 교회 건물은 주변의 회사 건물들과 유사하다. 그러나 건물에 들어서는 순간, 현대적이면서도 예술적인 실내장식에 감동을 받게 된다. 마치 아름다운 아트 갤러리에 온 듯한 착각이 들 정도였다.[3] 약 5-600명 정도가 들어갈 수 있는 본당은 마치 노아의 방주나 지성소에 들어온 것 같은 느낌을 풍긴다. 모든 조명과 소품, 예술 작품들은 고전적이면서 거룩한 느낌을 주었고, 구석에는 기울어진 십자가를 비롯해 성찬을 위한 크래커와 주스가 담긴 잔이 놓여 있었다. 예배가 진행되는 무대는 단순하면서도 깔끔했다.

포스트모던 세대에게 예술과 문화는 강력한 메시지를 지닌다. 비형식적이고 자유로운 삶 속에서 거룩함과 영성을 체험하고, 적극적인 참여와 협업을 통해 자신의 신앙을 고백하기 원하는 젊은이들에게 락하버교회는 신앙고백의 장이 되고 있다.

현대적이며 영적인 예배

락하버교회의 예배는 매우 역동적이며 영적이다. 예배 형식은 현대적인 문화와 이머징 예배 형식이 절충된 느낌이었다. 고전적 분위기와 록 Rock 음악에 기초한 강력한 음악, 그리고 자유로운 스타일의 설교는 매우 인상적이다. 고대와 현대가 만나는 통합적 형식 convergence worship 이 예배의 감동을 극대화시키는 것이다.

락하버교회의 예배의 시작은 독특하다. 예배시간 10-15분 전에야 예배당 문이 열린다. 그때까지 성도들은 로비와 복도에서 인사를 나누며 교제한다. 예배당 내부에는 어두운 조명과 함께 조용한 음악이 흐르고 있었다. 모든 분위기가 거룩한 하나님의 임재 가운데로 나아가는 것에 초점이 맞춰져 있는 것이다. 예배의 순서는 매우 단순하다. 5-6명으로 구성된 밴드의 찬양이 시작되면 회중은 매우 열정적으로 찬양에 젖어든다. 회중의 표현은 매우 자유롭다. 일어나 찬양을 하면서 눈을 감고 손을 들기도 하고, 손뼉을 치거나 눈물을 흘리기도 하고, 무릎을 꿇고 하나님을 경배하기도 한다. 설교는 한 주제를 가지고 시리즈로 이어지는데, 특이한 점은 설교자가 자주 바뀐다는 것이다. 그 이유는 '티칭 팀'에 의해 설교가 준비되고 선포되기 때문이다. 사실 팀 사역은 락하버교회의 가장 독특하고 혁신적인 특징이라고 할 수 있다. 티칭에 은사가 있는 사역자들이 팀을 이루고, 이들에 의해 교회의 모든 교육과 설교가 진행된다. 전통적인 교회에서는 생각하기 어려운 시도라 할 수 있다.

말씀 이후에는 20-30분 정도의 찬양과 기도, 결단의 시간이 뒤따른다. 또한 모든 성도가 참여하는 성찬은 한 달에 한 번씩 이루어진다. 그러나 성찬에 참여하고 싶은 회중은 언제든지 십자가 앞에 준비된 성찬대에서 자율적으로 성찬에 참여할 수 있다. 예배는 형식에 얽매이지 않고 최대한 성령의 인도하심에 민감하게 드려진다. 때론 성도들을 예배당 앞으로 불러 모아 합심 기도를 하기도 하고, 침묵 기도나 옆 사람들을 위한 중보 기도를 하기도 한다.

깊이 있고, 독특하면서 세련된 락하버교회의 예배는 점점 더 그 영향력을 넓혀가고 있다. 그리고 예배를 통해 20대 백인 중심의 교회가 다양한 인종과 세대가 함께하는 공동체로 바뀌어 가고 있다. 설립 이념처럼 잃어버린 젊은 세대를 향한 집중이 파장이 되어 다양한 세대multi-generations와 민족multi-ethnic groups을 품고 주님께 나아가게 한 것이다.

핵심가치 DNA 에 기반한 창조적 사역

　락하버교회의 사역적 탁월성은 선교적 교회의 기본 구조인 'Up-In-Out'4) 사역이 균형을 이루며 역동적으로 이루어지고 있다는 점이다. 하나님을 경험할 수 있는 살아있는 예배Upward와 성도들의 공동체인 라이프 그룹Inward, 그리고 세상을 향해 베푸는 섬김과 사랑이Outward 지역을 변화시키고 잃어버린 세대를 주께로 돌아오게 하는 원동력이 되고 있다. 그런데 중요한 점은 이렇게 역동적인 사역은 인위적인 노력을 통해서는 일어날 수 없다는 것이다. 오직 하나님의 백성들이 삶으로써 복음을 살아낼 때에만 교회는 세상과 구별된 공동체로서의 존재가치를 드러낼 수 있다. 이는 락하버교회처럼 교회의 핵심가치DNA가 성도들의 뼛속까지 스며들어야 가능한 일이다. 그렇다면 락하버교회의 핵심가치들이 어떻게 전체 사역을 이끌어 가는지를 살펴보자.

　첫째, 락하버교회는 하나님 나라를 위해 위험을 감수하는 것Embracing Risk을 최우선 가치로 삼는다. 창조적 사역을 통해 새로운 세대에게 복음을 전하겠다는 시도 자체가 어쩌면 하나의 도전일 수 있다. 사실 종교집단은 그 어떤 단체보다 보수적인 공동체이다. 역사 속에 세워졌다 사라져 버린 수많은 국가와 정부, 기관과 단체 중에서 정체성을 유지하면서 살아

남은 집단은 몇몇 종교집단이 유일하다. 이런 측면에서 볼 때 교회 또한 전통을 계승하고 유지하는 일에 필사적이다. 그래서 기존의 전통과 제도를 계승하는 대신 새로운 형식과 방법으로 새로운 세대에게 복음을 전하려는 시도는 참신하지만 동시에 매우 위험한 일이었다. 전형적인 예배당과 전통적인 예배 형식, 목회자와 장로 중심의 수직적 사역구조 대신 락하버 교회는 창고를 개조해 교회로 만들고, 예배에 대중문화와 예술적 요소를 도입하고, 수평적이고 자율적인 리더십을 통해 모두가 주체가 되는 사역 형태를 만들어 냈다. 하나님께서 꿈꾸시는 교회가 되기 위해 스스로 위험을 감수하기로 선택했던 것이다.

둘째, 이러한 모험은 철저하게 하나님의 뜻을 찾고, 응답 Seek & Response 을 구하는 과정에서 분명해졌다. 코스타 메사 캠퍼스의 키트 래 Kit Rae 담당목사는 그들의 특성 중 하나가 성령의 인도하심에 균형 있게 접근하려는 태도라고 밝혔다. 즉 락하버교회에는 성령과 관련해 건강한 긴장이 있는데 빈야드나 영국 런던의 HTB Holy Trinity Brompton 교회, 척 스미스의 갈보리 교회와 마리너스 교회 등의 영향을 받아 카리스마적인 사역과 지적인 영성이 공존해 있는 것이다. 이 '긴장 속 균형'의 핵심에는 바로 기도가 있다.

그들은 매달 셋째 주 수요일에 전 성도가 각 캠퍼스에 모여 기도를 한다. 일명 'Third Wednesday'로 불리는 이날은 성도들이 금식과 기도를 통해 전심으로 하나님을 예배하는 구별된 날이다. 이날에 성도들은 자신의 죄를 자백하고 서로의 약함을 위해 중보하며 나아가 교회를 향한 하나님의 인도하심을 받기 위해 지속적으로 기도한다. 하나님 나라와 그분의 인도하심을 구하며 기도하면서 하나님의 뜻과 마음이 어디에 있는지를 뜨겁고 열정적으로 간구한다. Third Wednesday와 더불어 중요한 기간이 'Seek Week'이다. 이 주간은 일 년 중 온전히 하나님의 뜻을 구하는 주간으로 선포된 주간이다. 이 주간에는 전 교인이 금식과 기도를 통해 하나님께 더욱 집중하는 구별된 시간을 갖는다. 이 기간을 통해 교회는 하나님께서 공동체의 주인 되심을 다시금 고백하고, 그분이 온전히 락하버교회를 이끄실 수 있도록 겸손히 사역의 방향과 흐름을 내어드린다.

락하버교회가 기도하는 교회가 된 데는 'Go Campaign'이라는 사역이 결정적인 역할을 했다. 2007년 여름, 급속한 성장 속에서 교회는 점차 소비주의적 영성에 물든 성도들이 늘어났다. 기도 가운데 하나님께서 이들을 세상에 파송하라는 급진적인 생각을 주셨다. 즉, 이천 명의 성도를 지역 공동체와 열방을 향해 파송하고, 백만 달러를 모금해서 세계의 12개 지역을 섬기라는 비전을 주신 것이다. 이 비전이 바로 'Go Campaign'의 출발이었다. 비전이 수립되자 조직적이고 논리적인 계획 속에서 성도들을 파송할 부푼 꿈을 꾸었다. 성도들이 세상을 향해 나아가 변화될 것을 기대하고 비전을 선포했지만, 소비주의적 영성에 젖어있던 성도들의 반응은 매우 냉담했다. 정해진 시간은 다가오고 교회는 다양한 노력을 기울여 보았지만 상황은 변화되지 않았다. 붙잡을 수 있는 건 오직 그 비전이 하나님께로부터 왔다는 사실뿐이었다. 이제 그들이 할 수 있는 것은 단 하나, 기도밖에 없었다. 그들은 모든 노력을 내려놓고 하루 종일 기도하기 시작했다. 아침부터 저녁까지 금식하며 기도하면서 일주일을 보내고, 계속 기도를 이어가던 중 기적이 일어나기 시작했다. 마지막 11시간을 남겨두고 성도들이 갑자기 움직이기 시작한 것이다. 여기저기서 결단과 헌신이 이어졌다. 결국 이천 명 이상의 성도들이 지역과 전 세계로 나아갔으며, 백만 달러 이상의 헌금이 모여 선교를 위해 사용되었다. 실로 놀라운 경험이었다.

'Go Campaign'을 추진하는 과정에서 성도들은 기도의 중요성과 능력을 확실히 깨닫게 되었고, 이때부터 교회는 함께 모여 금식과 기도를 하면서 온전히 하나님의 뜻을 구하는 Third Wednesday와 Seek Week를 시작하게 된 것이다. 그리고 지난 2년여 간의 훈련을 통해 이제는 매달 셋째 주 수요일마다 이천여 명의 성도들이 캠퍼스에 모여 기도하는 교회가 되었다. 기도와 금식을 통해 병자가 치유되고 비전과 환상을 보는 일이 생기면서 교회는 기도로 재형성reshaping되며 성령에 민감한 교회로 발전하게 되었다.

셋째, 진리와 은혜Truth & Grace의 공동체적 교회가 되는 것이다. 락하버 교회는 세상에서 깨어진 사람들을 위한 안전한 장소가 되는 것이 비전이다. 교회는 진리를 상실해 방황하고 있는 영혼들, 깨어진 관계로 상처 받은 영혼들을 하나님의 사랑과 진리 안에서 회복시키고 하나님과 화목을 이루게 하는 일에 깊은 사명감을 가지고 있다. 이를 위해 교회는 전통과 형식 대신 문화와 예술이라는 소통의 통로를 활용한다. 새 포도주는 새부대에 담아야 한다는 믿음으로 복음의 본질에 대해서는 비타협적이지만, 복음을 증거하는 형식에 대해서는 성육신적 방식을 선택한 것이다.

교회의 규모가 커지면서 락하버교회는 공동체로서의 교회 됨을 유지하기 위해 교회를 5개의 캠퍼스로 분산하고, 이를 다시 소그룹 공동체인 라이프 그룹Life Group으로 나누었다. 라이프 그룹의 특성은 이중적인 사역에 있다. 일차적으로 라이프 그룹은 공동체를 통한 성도들의 성장과 하나 됨을 지향하지만, 이에 머물지 않고 적극적으로 도시와 지역을 품는 선교적인 공동체의 사명을 감당한다.

지역별로 구성된 라이프 그룹은 한 명의 목사와 세 명의 코치, 그리고 5-10개의 라이프 그룹으로 한 단위가 구성되어 있다. 매년 모든 그룹은 교회의 4가지 지표 정체성identity, 가족family, 선교mission, 희생sacrifice 에 기초해 헌신서약서를 작성한다. 교회는 이들을 위해 어떤 커리큘럼도 제공하지 않는다. 대신 라이프 그룹의 목회자와 코치들, 그리고 각 라이프 그룹의 리더들은 함께 하나님께서 그 지역으로 자신들을 부르신 목적을 찾고, 1년 동안 지역에서 행할 선교적인 사역들을 결정한다. 물론 많은 자유가 주어지는 것만큼 높은 책임감도 요구된다. 각 그룹들은 선교적인 공동체로서 지역 공동체를 위해 정기적으로 모여 기도할 뿐만 아니라 지역 사회를 위해 다양한 사역을 기획하여 실행한다. 이웃 주민들을 위해 바비큐 파티를 열고, 지역 행사와 봉사에 적극적으로 참여하여 도시를 섬기는 모습을 보여 주기도 하며 이웃과 소통하고 복음을 증거하기 위해 풋볼 게임 티켓을 팔기도 하고, 학교 행사에 참여하여 댄스파티를 열기도 한다. 키트 목사는 '왜 교회의 소그룹이 주최가 되어 댄스파티까지 열어야 하냐'는 질문을 받은 적이 있다고 한다. 그의 대답은 매우 간단하고 분명했다. "우리가 그들에게 관심이 있고, 얼마나 사랑하는지를 알려주고 싶기 때문입니다."

이러한 사역이 지속되면서 새로운 변화가 나타나기 시작했다. 라이프 그룹 구성원들이 지역을 위한 기도와 섬김의 사역을 감당하면서 구성원들의 선교적인 가치관이 구체화되고 확장되기 시작한 것이다. 성도들은 이제 자발적이고 적극적으로 세상을 향해 나아가는 꿈을 꾸고 실천적 발걸음을 옮기게 되었다. 이렇게 해서 캠퍼스 교회들이 세워졌고, 이는 자연스럽게 교회 개척 사역으로 이어졌다. 기존 교회들의 개척 사역은 매우 전략적으로 이루어지는 것에 반해 락하버교회의 개척 사역은 선교적인 공동체인 라이프 그룹의 기도와 섬김을 통해 자연스럽게 일어났다. 이들은 이러한 결과가 성령님께서 이끄신 사역의 열매라고 믿는다. 우리의 계획과 의도가 아닌 하나님의 뜻에 순종하여 선교에 동참할 때 역동적 에너지가 교회를 교회답게 한다.

넷째, 모든 사역은 팀으로서의 리더십 Leading Team 을 지향한다. 락하버교회는 실제로 모든 조직이 팀으로 운영될 수 있도록 구조가 형성되어 있다. 교회 전체를 이끄는 '탑 리더십'부터 자원봉사자들에 이르기까지 그들은 팀으로 모이고 팀으로서 결정한다. 그렇기에 결코 한 사람의 비전과 영향력으로 교회의 사역이 결정되는 일은 없다. 한 예로 이들은 교회의 주요 사역을 결정하기 위해 매달 한 번씩 캠퍼스 담당 목회자와 장로

그룹이 모여 회의를 하는데, 이 모임에 오전 9시부터 오후 5시까지 꼬박 하루를 투자한다. 그들은 하루 종일 안건을 두고 토론하는 대신 함께 예배하고 기도하며 하나님의 뜻을 묻고 분별하면서 하나하나 결정해 나간다. 담임목사인 토드는 매주 장로 그룹을 만나 교제와 회의를 하고, 이를 바탕으로 교회를 이끈다. 이러한 팀 구조는 교회의 모든 모임과 조직에 동일하게 적용된다. 모든 의결이 팀을 중심으로 이루어지기 때문에 당연히 회의에 소비되는 시간과 에너지가 많고, 의사결정도 느릴 수밖에 없다. 그러나 그들은 이러한 과정을 매우 아름다운 모델로 여기고 자부심을 느낀다. 모든 조직마다 리더를 중심으로 팀이 구성되어 있기 때문에 목회자에 대한 의존도가 낮고 자율적이며, 창의적인 사역을 할 수 있다.

사실 이러한 팀 사역이 모든 영역에 뿌리내리게 된 데는 그들이 경험한 위기와 관련이 있다. 교회를 설립하고 성장을 이끌었던 케이스 페이지Keith Page 목사가 부도덕한 일로 교회를 사임했던 2001년과 탁월한 설교로 청중의 지지를 한 몸에 받은 마이크 얼Mike Erre 목사가 떠났던 2010년에 교회는 큰 위기에 빠질 수 있었다. 그러나 놀라운 사실은 막강한 영향력을 미치던 두 목회자가 떠난 이후에도 교회는 흔들림 없이 지속적으로 성장했고, 오히려 더욱 든든히 서갔다. 교회를 시작할 때부터 추구했던 팀 사역이 힘을 발휘하는 순간이었다. 이후 팀 사역은 모두가 공유하는 핵심가치로 더욱 성숙하게 자리 잡게 되었다.

앞서 살펴본 것처럼 락하버교회는 주일 설교조차도 팀으로 이루어지기 때문에 설교자가 매주 바뀐다. 화요일 아침이 되면 주일 설교를 위

한 '티칭 팀'이 모인다. 본문을 함께 펴고 각자의 관찰과 연구 결과를 나누며 전체적인 아웃라인을 만든다. 이렇게 공통의 뼈대가 형성되면 그 주설교 담당자는 자신의 스토리와 묘사를 더해 각 캠퍼스에서 말씀을 전한다. 목회자 한 사람의 관점이 아니라 다양한 관점과 통찰이 더해지면 말씀이 더욱 풍성해져서 온 교회가 더 큰 말씀의 유익을 얻게 된다는 것이다.

이렇듯 락하버교회의 팀 사역은 철저하게 은사 중심적이면서 자발적인 헌신을 바탕으로 한다. 무엇보다 이러한 팀 사역이 실현될 수 있는 배경에는 '모든 성도가 사역자'라는 분명한 인식과 사역 철학이 있다. 락하버교회는 하나님께 헌신한 모든 성도가 거룩한 제사장임을 인정하고, 이들을 사역자로 세워 성도들을 돌보고 훈련하는 일을 책임감을 가지고 감당할 수 있도록 격려하고 돕는다.

락하버교회의
사역 원리

첫째, 분명한 사역 철학과 핵심가치가 교회를 이끌게 하라. 5)

많은 교회가 매년 새로운 사역 목표를 세운다. 그런데 아쉬운 것은 단기적인 목표에 집중되어 장기적인 핵심가치를 상실할 때가 많다는 점이다. 락하버교회는 흔들리지 않는 비전과 핵심가치에 근거한 일관성 있는 사역의 모델을 보여준다. 이런 측면에서 우리는 다음과 같은 질문을 스스로에게 묻고 답할 수 있어야 한다. '우리 교회의 비전은 무엇인가?', '그 비전을 이루기 위한 핵심가치는 무엇인가?', '하나님께서 주신 사명을 이루기 위해 우리가 감당할 모험과 위험 요소는 무엇인가?' 기억하라. 부르심이 분명하다면 그에 따른 위험을 받아들여야 한다. 새로운 모험도, 어떤 위험도 없이 교회가 평안한가? 그렇다면 교회가 죽어가고 있는 것은 아닌지 점검해야 한다.

둘째, 성령의 인도하심에 민감한 공동체가 되라.

한국 교회의 자랑은 '기도'라고 해도 과언이 아니다. 그러나 언제부턴가 기도가 개인적인 영적 활동으로 전락했고, 성령의 사역 또한 개인의 영역에 국한되어 버린 불편한 현실을 인정하지 않을 수 없다. 그러나 성령은 개인의 삶뿐만 아니라 교회를 이끌어 가는 주체가 되신다. 따라서 교회는 개인의 생각과 아이디어로 움직여서는 안 된다. 아무리 많은 석학들이 모이고 훌륭한 의사결정 시스템을 갖추었다 해도 교회가 성령께 의지하지 않는다면 그것은 인간의 조직 그 이상도 이하도 아니다. 락하버교회는 성령의 사역을 인정함으로 지도자와 온 성도가 그 권위 앞에서 기꺼이 자신을 내어드린다. 기도를 통해 비전을 받고, 기도를 통해 사역을 움직인다. 이것은 오늘날 한국 교회가 반드시 회복해야 할 교회의 본질이다.

셋째, 팀사역의 중요성을 인식하라.

오늘날 한국 교회의 위기는 리더십의 위기로부터 시작되었다고 해도 과언이 아니다. 오랫동안 한 지도자의 영향력에 의존해온 한국 교회는 지도자 개인의 역량에 의해 교회의 운명이 좌우되어 왔다. 선교적인 리더십은 수직적 리더십top-down이 아니라 모든 구성원이 책임감을 갖고 주체가 되는 상향식 리더십bottom-up을 지향한다.[6] 그리고 이러한 리더십은 성도 개개인의 은사와 가능성을 이해하고, 분명한 사명 아래 동역하는 관계가 될 때 발휘될 수 있다.[7]

홈페이지: www.rockharbor.org

나가는 말

하나님의 나라는 결국 자신의 삶을 그분께 온전히 드린 사람과 공동체를 통해 확장된다. 우리는 하나님의 나라를 위해 부름 받은 백성들이다.[8] '내 교회'가 아닌 '하나님 나라가 중심이 되는 교회'를 꿈꾸고 협력하고 헌신한다면 우리는 더 건강하고 아름다운 사역을 할 수 있을 것이고 그로 인해 세상을 변화시킬 수 있을 것이다.

Re_form church

MODEL 9

LA뉴시티교회
New City Church of LA

황폐한 영적 황무지
세련된 도시 청년과 홈리스
허물어진 벽
Grow+Serve 그룹
급진적이고
포용적인 복음

도시선교

LA뉴시티교회 New City Church of LA

도시에 대한 선교적 조망

몰트만 Jurgen Moltmann 은 도시에는 '신세계에 대한 희망'과 '인류 재난의 두려움'이 동시에 존재하고 있다고 지적했다. 그러면서 그는 또 "대도시는 좋은 삶에 대한 희망인가, 아니면 인류의 자멸에 대한 묵시록인가?… 우리는 '바벨론'에서 우리 자신의 감옥을 짓고 있는가, 아니면 자유가 있는 '천상의 예루살렘'을 미리 맛보는가?"라는 심오한 질문을 던졌다.[1)]

현대 도시의 내면에는 외적 화려함만큼이나 짙은 어둠의 그림자가 드리워져 있다. 물질을 향한 인간의 탐욕과 그로 인해 발생하는 각종 범죄와 끔찍한 사건사고들, 음주와 도박, 매춘 등 악의 문화가 창궐하는 도시의 내면은 마치 구약의 소돔과 고모라처럼 죄로 물든 인간의 실상을 적나라하게 보여준다. 그 속에서 도시인들은 지극히 외롭고 불안하며 두려운 일상을 살아간다. 도시가 이 시대의 가장 중요한 선교지인 이유가 바로 여기에 있다.

유엔의 조사에 의하면 현재 세계 인구의 절반 이상은 도시에 살고 있다. 도시화는 더욱 가속화되어 2050년이 되면 전 세계 인구의 70% 이상이 도시에 거주할 것으로 전망된다.[2] 백여 년 전 세계 인구의 10%만이 도시에 거주했던 것에 비하면 놀라운 변화라 할 수 있다. 그러나 이 수치도 한국에 비하면 미미한 수준이다. 한국은 이미 전체 인구의 10명 중 9명 이상이 도시에 거주하고 있기 때문이다.

이런 관점에서 보면 한국 교회의 대부분은 도시라는 목회 현장에서 도시선교를 감당해야 하는 주체라고 해도 무방할 것이다. 문제는 도시의 실상을 직시하면서 도시를 품고, 도시에 맞는 선교적 사역을 감당하고 있는 교회가 너무 적다는 것이다. 하비 콕스 Harvey Cox 는 일찍이 도시화의 문제를 직시하면서 진정한 교회는 끊임없는 사회 변혁에 대응하는 교회라고 주장했다. 즉 "교회는 무엇보다 먼저 응답하는 공동체이며 세계에서 하나님의 활동을 분별하여 그 일에 동참하는 것을 본분으로 하는 백성이다."라고 말했다. 교회는 변화하는 시대를 분별하여 하나님의 관심과 뜻 그리고 그분의 활동에 의해 지속적으로 재형성되어야 한다.[3]

지역 교회로서 변화하는 세상 속에서 효과적인 선교를 감당하려면 도시 교회는 먼저 도시가 지닌 양면성을 이해해야 한다. 도시는 무명성 anonymity 과 이동성 mobility [4] 으로 인해 개인적 자유와 독립을 추구하고, 그

외에 모든 것을 상대화시키는 특성이 있다. 이러한 흐름 속에서 전통적 가치나 종교의 역할은 위축되었다. 다행히도 20세기 중반, 도시화와 근대화의 영향으로 종교가 결국 사라지고 말 것이라는 '세속화 이론'secularization theory은 틀린 이론으로 판명되었지만,[5] 상대화된 가치관들은 절대 진리와 유일신 사상을 선포하는 기독교의 메시지에 거센 저항과 비판의 날을 세웠다.

그러나 도시의 거친 외면과 달리 그 이면에는 인간의 연약한 실존이 있다. 아이러니하게도 세속화가 진행될수록 인간의 잠재된 영적 갈망이 강하게 요동치기 때문이다. 아름다움과 화려함 속에 감추어진 허무와 절망! 향락과 쾌락 뒤에 숨겨진 불안과 초조! 거대한 부와 성장의 신화 아래 가려진 가난과 불평등, 빈부의 격차 등으로 인한 존재적 불안감이 현대인의 실상이다. 그래서 도시인들은 '도피성'cities of refuge을 찾아 헤맨다. 그러므로 교회가 상처 받고 깨어진 도시인들에게 참된 안식과 안전을 제공하는 '도피성'이 되는 것이 도시선교의 출발점이다.

도시를 품은 교회

로스앤젤레스는 미국에서 두 번째로 큰 도시로 고풍스러운 건물과 아름다운 해안, 연중 온난하고 쾌적한 기후, 할리우드와 디즈니랜드로 대표되는 최고의 관광도시이다. 말 그대로 천사들의 도시로 묘사되기에 부족함이 없을 정도로 아름답고 화려한 위용을 자랑한다. 그러나 높은 건물들이 빼곡히 들어차 있는 다운타운의 현실은 이와는 매우 대조적이다. 놀랍게도 다운타운의 중심부엔 엄청난 수의 홈리스와 마약 중독자, 정신적 고통을 호소하는 사람이 모여 살아가는 빈민가가 형성되어 있다. 언제부턴가 많은 사람이 더 좋은 주거 환경을 찾아 도시를 빠져 나가면서 도시의 중심부는 황폐한 곳으로 변해갔다. 그 거대한 출애굽 exodus 의 행렬 속엔 교회도 있었다. 그렇게 로스앤젤레스의 다운타운은 영적 공황상태가 되었다.

2008년, 뉴시티교회는 다운타운의 한복판에 새로운 영적 공동체를 만들기 위해 용감한 발걸음을 내디뎠다. 황폐한 도시를 향한 교회의 진지한 접근과 노력에 감동한 각종 매체들도 이들의 출발을 기사화하여 세상에 알렸다.[6] 그렇게 공동체가 설립된 지 만 5년이 지났다. 20여 명의 작은 공동체로 시작된 뉴시티교회는 현재 매주 400여 명의 성도가 모여 예배하며 역동적인 사역으로 영향력을 미치는 교회가 되었다. 무엇보다 뉴시티교회를 구별짓는 특징 중 하나는 다양한 민족 multi-ethnic 과 사회·경제적 multi-socioeconomic 계층의 사람들이 하나가 되어 신앙 공동체를 이루고 있다는 점이다.

사실 인종의 용광로라고 할 수 있는 로스앤젤레스에는 많은 교회가 다민족 교회를 표방하여 사역하고 있다. 그러나 뉴시티교회처럼 다양한 인종과 사회계층이 조화롭게 균형을 이룬 교회는 찾아보기 힘들다. 대부분의 교회가 기존에 자리 잡은 주류 인종이 다른 인종들을 포용하면서 다양성을 지향해 가지만, 뉴시티교회는 다른 방식으로 출발했다. 그 결과 백인, 흑인, 라티노, 아시아인이 각각 20-30% 비율로 고르게 모이는 교회가 되었다. 게다가 이들의 1/3은 극빈층이라 할 수 있는 홈리스 회복 센터에서, 1/3은 다운타운의 고급빌라에서, 1/3은 시 외곽에서 온다. 연령대 역시 30대 중반의 젊은 성도들이 주축을 이루긴 하지만, 어린아이부터 노인에 이르기까지 다양한 세대multi-generation를 아우르고 있다.

필자가 처음으로 이 교회의 주일 예배에 참석했을 때 받았던 충격은 매우 컸다. 그곳에는 세련되게 차려입은 도시의 젊은이들과 몸이 불편하고 냄새나는 홈리스들이 함께 섞여 아무렇지도 않게 예배를 드리고 있었다. 세대와 계층을 뛰어 넘어 함께 웃고, 교제하고 섬기는 모습은 이곳이야말로 예수님이 원하시는 진정한 교회가 아닌가 하는 생각이 들게 했다. 뉴시티교회는 이런 내부적인 모습 이외에도 적극적으로 도시를 섬기는 교회로서 도시 공동체의 새로운 모델로 성장하고 있다.

변호사에서 도시를 품는 목회자로[7]

뉴시티교회를 개척한 케빈 하Kevin Haah목사는 한인 2세이다. 케빈 목사는 명문인 코넬대학의 법학대학원Cornell Law School을 졸업하고 기업과 로펌의 변호사로 일하며 사회적 성공을 일군 인물이었다. 그러나 그에게는 항상 목회에 대한 부담감이 있었다. 그러던 중 뜻밖의 사건을 경험한다. 대학시절 그가 목회자의 길과 변호사의 길 중에서 진로를 고민하고 있을 때 법조인의 길을 추천하셨던 부모님이 갑자기 그를 불렀다. 신실한 믿음의 사람이었던 부모님은 당시 그에게 했던 조언을 깊이 후회하고 계셨다. 그의 어머니는 케빈이 여전히 목회의 소명이 있다면 그 길을 축복하며 전적으로 지지하고 싶다고 말씀하셨다. 그 말씀을 하시고 6개월 후 어머니가 갑자기 세상을 떠나자 케빈은 자신의 인생을 깊이 되돌아보게 되었다. 그리고 하나님 앞에서 진지하게 자신의 소명에 대해 기도하기 시작했다. 하나님은 그런 그와 그의 아내에게 목회자로서의 소명과 잃어버린 영혼에 대한 열정을 뜨겁게 부어 주셨다. 8개월간의 기도 끝에 그는 마침내 전임 목회자의 길을 걷기 위해 법조계를 떠나기로 결단했다. 이후 풀러신학교에서 신학을 공부하고, 나성축제교회 Na Sung Celebration Church[8] 의 도시 목회 담당 목사가 되어 'Love LA'라는 사역을 담당하게 되었다.

'Love LA'는 주일 오후 다운타운의 홈리스들을 섬기는 사역이었다. 그들은 매주 다운타운의 중심부에 위치한 한 선교회의 주차장에서 모임을 가졌다. 언제나 2-300명의 홈리스가 모여 예배를 드렸는데, 그곳에서 마치 야외 부흥회와 같은 강력한 성령의 역사와 회심이 일어나곤 했다. 그것을 지켜보면서 케빈의 고민은 계속 깊어져갔다. 모임에 참석한 대부분의 홈리스들이 그곳을 자신의 교회로 생각하고 있었기 때문이다. 그러나 장기적으로 새로운 존재로 거듭나는 변화를 경험하기에는 환경이 너무나 열악했다. 그들에게는 참된 교회 공동체가 필요했다. 이때 그는 익명의 사람으로부터 한 통의 전화를 받게 된다. 그 사람은 당시 다운타운에 일고 있는 새로운 변화에 관한 소식을 전해 주었는데, 새로운 사람들이 다운타운으로 몰려들고 있다는 이야기였다. 그는 케빈에게 이렇게 물었다. "당신은 LA 다운타운의 새로운 이주자들을 전도하기 위해 무엇을 하고 있습니까?" 이 질문은 홈리스들만 바라보고 있던 케빈의 안목을 새롭게 하는 계기가 되었다.

당시 로스앤젤레스 시 의회는 도시 활성화를 위해 오피스와 상가 건물을 거주 건물로 바꿀 수 있도록 하는 조례를 통과시켰다. 낡고 오래된 건물들이 리모델링을 통해 고급빌라로 변모하면서 다운타운의 거주 인구는 이미 두 배가 넘게 증가하고 있었다. 케빈의 가슴이 뛰기 시작했다. 하나님은 그에게 다운타운에 세워질 새로운 교회 공동체를 꿈꾸게 하셨다. 인종과 사회적, 경제적 벽이 허물어지고, 거리의 사람들과 고급빌라에 사는 사람들이 함께 어우러진 공동체를 그리며 그는 만나는 사람마다 눈물로 하나님께서 주신 비전을 나누었다. 하나님의 비전이 그를 사로잡았던 것이다.

개척과 핵심그룹

케빈은 우선 자신의 담임목사를 찾아가 교회 개척에 대한 비전을 나누었다. 담임목사는 그의 비전과 사역을 적극적으로 지지하면서 개척을 위한 초기 자금과 성도들을 함께 지원할 것을 약속했다. 그리고 그 비전에 동참할 사람은 누구라도 좋으니 최소한 50-100명의 성도를 데리고 나가 개척할 것을 제안했다. 그러나 케빈은 그 제안을 거절했다. 그는 다운타운에 거주하는 다양한 계층과 인종이 함께 모이는 교회를 꿈꿨기 때문에 시작부터 한인 2세들이 교회의 주축이 되는 것이 바람직하지 않다고 판단한 것이다. 그로부터 5개월 동안 그는 이 비전에 동참할 핵심멤버를 찾기 위해 많은 사람을 만나 다민족, 다인종, 다계층, 다세대로 이루어진 복음 중심적 교회 설립의 비전을 나누었다. 그 과정에서 그는 하나님의 신실하심을 경험하며 자신의 비전과 함께할 20명의 헌신된 동역자를 만나게 된다. 물론 그 핵심그룹에 속했던 사람들 역시 각기 다른 인종과 사회·경제적 배경을 가진 사람들이었다. 그들은 주일 밤마다 모여 서로를 알아가고, 왜, 어떻게 교회를 개척해야 할지를 토론했다. 그러면서 함께 교회의 이름과 비전, 사명선언문, 핵심가치들을 세워갔다.

교회 설립을 준비하면서 핵심멤버들과 함께 했던 가장 중요한 사역은 다운타운에서 될 수 있는 대로 많은 사람들을 만나는 것이었다. 그들은 사람이 많이 모이는 식당과 카페 등지를 찾아다니며 사람들을 만나고 대화하면서 '그들이 생각하는 교회, 교회를 다니지 않는 이유, 다니고 싶은 교회'에 관해 질문했다.

그리고 다운타운의 구석구석을 걸어 다니며 기도했다. 그 지역의 거의 모든 코너, 모든 사람, 모든 빌딩과 사업체를 바라보고 품으며 기도했던 것이다. 뿐만 아니라 기존의 지역 사역자들과 지도자들을 만나고, 각종 지역 회의에 참석하면서 지역의 실제 상황을 파악하기 위해 최선을 다했다. 이러한 노력들로 인해 그들은 지역 현황과 인구 분포, 지역 이슈 등에 대해 깊이 알게 되었다. 케빈 목사는 다음과 같이 고백한다.

"우리의 목적은 다운타운을 위한 동네 교회가 되는 것이었다. 그것을 위해 사람들의 의견을 듣는 데 많은 시간을 할애했다. 그러나 그 시간을 통해 이미 하나님께서 행하시고 있는 일들을 발견한 것은 매우 중요하고 의미 깊은 일이었다."

성공이 아닌 비전과 가치를 향해

교회성장학적 관점에서 보면 뉴시티교회의 개척 전략은 매우 부적절한 방식이라 할 수 있다. 교회성장학의 창시자였던 맥가브란 Donald A. McGavran 의 이론에 의하면 사람들은 자신이 속한 인종, 언어, 계급의 문화적 동질성을 생각 이상으로 중요하게 여긴다. 그 때문에 복음을 전하는 선교사는 복음을 받아들이는 사람이 속한 문화의 장벽을 넘어가 그들과 같은 집합적 구조 안에 머물면서 복음을 전해야 한다. 이것이 바로 '동질집단원리'이다.[9] 그러나 이 같은 이론은 인종과 사회 계층의 용광로 melting pot 와 같은 LA 다운타운의 선교에는 어울리지 않는다. 다운타운에 속한 사람들의 인종과 경제적 편차가 너무 크고 다양하기 때문이다.

일례로 다운타운의 빈민층에 속하는 사람들은 구제를 위해 설립된 기관이나 모텔, 슬럼가 주택에서 살았다. 또 수입은 매달 시에서 개인에게 지급되는 구호자금 221달러와 식량을 구매할 수 있도록 제공되는 푸드 스탬프 Food Stamps [10] 가 전부였다. 반면 다운타운의 고급빌라에 거주하는 사람들의 1년 평균 수입은 10만 달러에 다다랐다. 상식적으로 볼 때, 동질집단원리를 적용하는 것이 교회성장 측면에서 효과적이지만 그들은 과감하게 효율이 아닌 비전과 가치를 선택했다. 하나님 나라 관점에서 자신들에게 맡겨진 사역의 중요성과 절박성을 깨달아 기꺼이 실패할 위험을 감수하기로 작정한 것이다. 그렇게 만들어진 비전 선언문은 다음과 같다.

"LA뉴시티교회의 비전은 예수 그리스도의 사랑으로 포용적인 복음 중심의 공동체가 되는 것이다. 이 공동체를 통해 사람들을 하나님과 연결하고, 함께 성장하면서 도시를 섬기고, 하나님의 왕국을 확장하는 사역을 감당한다."

복음에 뿌리를 내리다

LA뉴시티교회는 '예수 그리스도의 사랑으로 포용적인 복음 중심의 공동체'가 되는 것을 최우선 비전으로 삼았다. 사실 뉴시티교회를 이루는 구성원들은 다운타운의 특성을 그대로 반영하고 있다. 그들 가운데는 마약 중독자, 전과자, 어린 시절의 학대와 불행한 가정환경으로 인해 정신적 질병을 가진 사람, 뉴에이지와 이슬람 등 타 종교에 빠져 있던 사람, 고등학교도 졸업하지 못하고 오랜 시간 무직자로 지냈던 사람부터 은행 투자가, 엔지니어, 하버드 졸업생, Ph.D., MBA 학위 소유자 등 소위 사회적으로 성공한 전문가들과 예술가들이 함께 모여 있다. 마치 각기 다른 퍼즐 조각이 모여 하나의 작품이 완성된 것과 같다.

이렇게 다른 배경과 상황에 놓인 사람들이 한 공동체를 이루어 상생할 수 있는 이유는 무엇보다도 그들 속에 각인된 복음의 능력 때문이다. 그들은 '우리는 모두 하나님의 은혜 안에서 살아가는 엉망인 사람들'We are all messed up people living in God's grace이라는 공동체적 고백을 가지고 있다. 거리에서 마약을 하는 사람이나 고상하고 화려한 치장을 하고 좋은 집에 사는 사람이나 하나님 앞에서는 모두 동일한 존재라는 것이다. 본질적으로 우리는 모두 죄인이며 절망적인 존재이기에 그 누구도 다른 사람을 판단하거나 정죄할 자격이 없다. 우리가 살 수 있는 단 하나의 이유는 오직 하나님의 사랑과 은혜 때문이다. 따라서 뉴시티교회의 교인들은 개인의 능력, 열심, 성취, 선행에 의한 구별과 차별을 거부한다. 그들은 하나님의 은혜와 사랑의 빛 안에서 동등한 존재임을 고백하며 서로를 있는 그대로 받아들이는 것이 일상이 되었다.

    필자가 오래전 뉴시티교회의 주일 예배에 참석했을 때의 일이다. 그날 예배 시간에 새로운 공동체 리더를 세우는 시간이 있었다. 60대 초반의 남성이 강단에 올라섰을 때, 사람들은 매우 큰 환호와 박수를 보냈다. 회중 앞에서 마이크를 건네받은 남성은 지난날 자신이 겪었던 삶의 굴곡들과 복음으로 인한 변화들을 감동적으로 전했다. 어린 시절부터 받아왔던 학대와 폭력, 술과 마약 중독, 삶의 모든 희망을 잃어버리고 노숙자가 되어 전전긍긍해야 했던 과거의 모든 기억은 지우려야 지울 수 없는 악몽이 되어 그를 괴롭혔다. 그러다 만나게 된 곳이 뉴시티교회였다. 그는 새로운 공동체 속에서 한 번도 경험해 보지 못했던 사랑과 환대를 경험하게 되었다. 그리고 마침내 예수 그리스도와 복음이 한 사람의 인생을 송두리째 변화시켰다. 그가 불행으로 점철된 절망적 삶에서 돌이켜 다른 사람을 세우고 돌보는 리더가 되는 순간은 복음의 진정한 능력이 나타나는 순간이었다. 그렇다. 뉴시티교회의 포용은 인간적 관용이나 인내가 아닌 오직 그리스도의 살아계심이 가져온 결과이며 증거였다.

GROW+SERVE GROUPS

예배가 성도와 하나님을 연결시키며 정체성을 형성하는 교회의 한 축이라면 'Grow+Serve Group'으로 명명된 소그룹 사역은 교회의 실천적 사역의 한 축이라고 할 수 있다. 이 모임은 다음의 4가지 목표를 가진다. 첫째, 함께 배우는 공동체를 지향한다. 둘째, 삶을 나누고 함께 기도한다. 셋째, 섬김을 계획하고 함께 세상을 섬긴다. 넷째, 즐거운 마음으로 사역에 참여한다. Grow+Serve 그룹의 특징은 교회의 비전, 즉 '함께 성장하고' grow together, '도시를 섬긴다' serve the city 라는 두 가지 목표가 융합된 형태라 할 수 있다.

뉴시티교회의 소그룹 사역은 처음에는 대부분의 교회가 그렇듯 교제 그룹과 봉사 그룹으로 나뉘어 있었다. 초창기 120여 명의 성도가 모였을 때만 해도 약 10개의 소그룹을 중심으로 활발하게 모임이 진행되었다. 당시에는 의도적으로 사람들을 무작위로 섞어 모임을 갖도록 했는데, 고급 빌라에 거주하는 사람들과 거리 회복 센터에서 오는 사람들이 섞이면서 시너지 효과가 발생했다. 그들은 재정문제나 주거문제 등 다양한 필요를 서로 도와주면서, 영향을 주고받으며 신앙적인 성숙을 경험할 수 있었다. 그러나 교회가 250-300명 규모로 성장하게 되면서 소그룹은 위기에 직면하게 되었다. 10개의 소그룹이 5개로 줄어드는 기이한 현상이 나타난 것이다. 교회는 소그룹 활성화를 위해 다양한 방법을 시도해 보았지만 별다른 효과가 없었다. 무언가 새로운 것이 필요했다. 도시를 섬기는 사역도 마찬가지였다. 교회는 도시를 섬기기 위해 다양한 사역들을 진행했지만, 출석 인원에 비해 만족할 만한 참여가 이루어지지 않았다. 특히 뉴시티교회는 단발성 프로그램 위주의 사역이 아닌, 지역 공동체 안으로 들어가 지역 사람들과 관계를 형성하는 전인적인 사역을 원했기 때문에 더 높은 헌신이 요구되었다.

그때 새롭게 시도된 방법이 두 가지를 통합하는 것이었다. 성도들이 봉사하기 원하는 사역을 중심으로 소그룹을 구성하되 그들의 신앙적 성장 또한 도모할 수 있는 구조를 택했다. 또한 소그룹이 섬길 사역 역시 성도들의 아이디어로 자발적으로 결정하도록 했다. 교회는 소그룹의 사역 내용과 방향에 대해 일체 관여하지 않았다. 성도들이 함께 모여 기도하고 토론하면서 사역의 방향과 방식을 결정하고 이끌어 갈 수 있도록 자율성을 부여했다. 이러한 방식은 매우 긍정적인 결과를 가져왔다. 현재 뉴시티교회는 10-20여 명이 모이는 14개의 'Grow+Serve Group'이 활동하고 있다. 그들은 신앙적 성장을 위해 설교에 기초한 나눔의 시간을 가지면서 도시를 섬기는 사역도 감당하고 있다.

그들이 감당하는 사역도 그룹별로 독특하다. 지역의 홈리스들을 위해 음식과 옷을 제공하는 그룹, 거리의 아이들을 섬기고 생일 파티를 열어

주는 그룹, 도시의 정원을 가꾸고 잡초를 제거하며 청소하는 그룹, 병든 사람들을 위해 기도하는 그룹, 전통적인 방식의 전도사역을 하는 그룹, 은퇴한 사람들을 찾아가 이야기를 나누고 돕는 그룹, 선교단체와 연계해 선교를 하는 그룹, 거리 중독자들의 영적 회복을 위해 봉사하는 그룹, 요양원을 섬기는 그룹, 삶의 다양한 문제로 고통스러워하는 여성들을 돕는 그룹, 간증을 통해 신앙적으로 서로를 격려하는 남성 그룹 등 각기 다른 사역을 감당하는 소그룹들이 신앙적 성장과 섬김을 동시에 실천하고 있다. 이미 언급한 것처럼 그들은 스스로 사역을 계획하고 함께 그 사역을 감당한다. 이러한 형태의 소그룹 사역이 주는 유익은 공동의 목표와 사역을 위해 성도들이 더욱 긴밀하게 연합한다는 것과 실제 삶에서 신앙을 실천하는 방식을 공동체적으로 배울 수 있다는 점이다.[11]

도시선교를 위한 연합

기본적으로 뉴시티교회의 선교 사역은 앞서 말한 소그룹 사역을 기반으로 한다. 성도들이 주체가 되어 스스로 사역하도록 장을 열어주고, 교회는 전체적인 행사나 연합사역을 중심으로 도시를 섬긴다. 도시선교의 원칙은 철저하게 지역 주민과 함께 하는 사역을 추구한다. 그들은 지역 주민들을 '사역 대상자'로 여겨 일방적으로 돕는 사역 방식은 지양한다. 그렇게 함으로써 교회가 도시 공동체의 일원으로서 인식되고 받아들여지기를 원한다. 이처럼 성육신적인 incarnational 원리에 의해 사역을 진행하고, 교회의 이름을 드러내기보다 기존의 전문기관과 협력하여 도시의 진정한 필요를 채우는 방식으로 일한다.

일례로 다운타운에는 홈리스들을 위해 설립된 선교단체들이 많이 있다. 그들은 매우 전문적이며, 다양한 자원을 가지고 있고 홈리스들의 실질적인 회복을 위해 일한다. 그런데 대부분의 교회는 각자의 프로그램을 가지고 독립적으로 거리에 나와 음식과 의복을 제공하는 사역을 한다. 놀랍게도 이렇게 제공되는 음식과 의복은 전체의 필요를 채우고도 남을 만큼 충분하다. 사람들은 "스키드 로Skid Row[12]에서 굶주리는 것은 불가능하다."라고 말하기도 한다. 또한 이러한 현상이 홈리스들을 지속적으로 거리에 머물게 하는 역효과를 가져오기도 한다. 따라서 그들의 회복을 돕는 실질적인 섬김은 보다 전문적인 안내와 협업이 필요하다. 그래서 뉴시티교회는 성도들의 사역 그룹이 전문기관과 함께 사역할 수 있도록 연계시킨다.

뉴시티교회의 도시선교는 다운타운에 필요한 교회가 되겠다는 비전과 의지를 잘 반영하고 있다. 그들은 자신들에게 주어진 자원을 가지고 도시의 연약한 사람들을 섬기는 선교적 교회를 꿈꾸고 있다.

LA뉴시티교회의
사역 원리

첫째, 도시를 향한 하나님의 마음과 비전을 붙잡으라.

에드워드 그래서 Edward Glaeser가 말한 것처럼, 도시는 사람이다 cities are people. [13] 도시는 힘과 문화와 영성의 중심이다. 혼돈과 분투의 생존지인 도시 속에서 살아가는 도시인들에게 종교는 절실한 피난처이다. [14] 이러한 도시를 향한 교회의 선교적인 책임은 더욱 막중하다 할 수 있다. 그러므로 시대의 흐름을 하나님께로 돌이킬 비상구는 도시 교회의 깨어있는 선교이다. 교회는 도시를 품고, 도시를 향해 나아가야 한다. 그리고 피난처를 찾아 헤매고 있는 도시인들에게 참된 영성과 진정한 회복을 찾아주어야 한다.

둘째, 복음에 닻을 내리라.

복음에 닻을 깊이 내릴수록 교회는 더욱 복음적인 사역에 헌신하게 된다. 역설적이게도 오늘날 성도들은 복음에 목마르지만 정작 교회 안의 수많은 훈련과 프로그램 속에서 복음을 경험하는 것이 힘든 시대가 되고 말았다. 그러므로 목회자는 복음에 깊이 뿌리를 내리고, 복음에 기초한 사역을 추구해야 한다. 뉴시티교회는 예배도, 공동체도, 사역도 자유롭다. 이런 자유로운 분위기 속에서도 성도들이 헌신적인 이유는 그들이 복음에 닻을 깊이 내렸기 때문이다. 참된 복음이 성도들을 자유롭게 하며, 서로를 용납하고 포용하게 한다. 무엇보다 복음이 회복되어야 한다. 관습과 제도가 아니라 복음이 이끄는 사역을 하라.

셋째, 공동의 가치를 정하고 의도적인 노력을 기울이라.

뉴시티교회는 교회의 비전을 구체화하기 위해 수개월 동안 핵심멤버들과 지속적인 모임과 교제, 기도의 과정을 거쳤다. 이 과정을 통해 멤버들이 리더의 비전을 완전히 공유함으로 한마음으로 비전을 향해 달려갈 수 있었다. 교회의 비전과 가치는 공유되어야 한다. 이를 위해 목회자는 시간을 내어 성도들과 대화하고, 의견을 듣고 조율하면서 공동체가 하나될 수 있도록 이끌어야 한다.[15] 뉴시티교회가 균형 있는 다민족, 다인종, 다계층, 다세대 교회가 될 수 있었던 이유는 공동체의 비전이 공유됨으로써 그것을 현실화하기 위한 사역들이 유기적이고 자발적으로 이루어졌기 때문이다. 사역 계획을 세우기 전에 비전이 공유되고 있는지를 먼저 확인하라.

홈페이지: newcitychurchla.com

나가는 말

　세상에서 버림받은 사람들이 용납되고 포용되는 공동체, 각기 다른 사람들이 서로를 인정하고 받아들이는 공동체, 하나님의 선교에 동참하기 위해 기꺼이 자신을 내어드리는 공동체, 뉴시티교회의 아름다움은 바로 여기에 있다. 이렇게 형성된 공동체의 내적 성숙이 외적 사역과 균형을 이루면서 성도 개개인이 선교적인 존재로 살아가는 방식을 배우게 된다. 한국교회의 갱신도 이러한 모습으로 이루어지기를 기대해 본다.

Re_form church

MODEL 10

뉴송교회
Newsong Church

지도자의 회심
부적합자를 위한 교회
한 사람의 가치
모델링
Flow 사역
본질로 돌아섬

제자도

뉴송교회 Newsong Church

교회의 지속적 회심

선교신학자 데럴 구더 Darrel L. Guder 는 자신의 책 제목에서 교회의 본질 회복을 위한 원리를 'The Continuing Conversion of the Church' 교회의 지속적인 회심[1] 라는 말로 표현했다. 성도들이 세상 속에서 구원의 확신과 구속의 사명에 따라 살기 위해서는 끊임없이 말씀 앞에 자기 자신을 비추어 보아야 하는 것처럼 교회 역시 존재론적 가치와 실천적 사명을 완수하기 위해서는 '지속적인 회심'을 통해 본질로 되돌아가려는 노력이 필요하다는 것이다. 즉 교회는 습관적으로 행하는 사역들을 하나님 나라의 관점으로 비춰보고 재평가함으로써 본질에 맞는 방향으로 나아가기 위한 노력을 기울여야 한다. 그러나 안타깝게도 오늘날 이러한 회심을 하는 교회를 찾아보기란 쉽지 않다. 많은 교회가 부르심과 소명에 맞춰진 창조적이고 독창적인 사역이 아니라 규격화된 프로그램을 통한 수적 성장에 열을 올리고 있기 때문이다. 이렇게 한번 잘못된 방향으로 뱃머리를 돌린 교회는 점점 더 본질과 멀어지는 항해를 하게 되어있다. 즉 현대 교회는 스스로 쌓은 제도와 프로그램이라는 성에 갇혀 새로운 모험과 창조적인 시도를 잃어버릴 위기에 직면해 있는 것이다.

그러므로 현대 교회는 잠시 사역을 멈추고 스스로를 가늠해 보는 시간을 가질 필요가 있다.[2] 교회의 방향성을 점검해 보아야 하는 것이다. 신앙 공동체는 복음과 하나님 나라의 관점에 비춰볼 때에야 비로소 정체성과 사명을 온전히 발견할 수 있기 때문이다. 그리고 그렇게 재설정된 비전은 교회를 변화시킨다. 느려진 심장을 다시 힘차게 뛰게 하고, 식어진 열정에 불을 붙이는 것이다.

뉴송교회는 이런 면에서 지도자의 회심이 어떻게 교회의 회심으로 연결될 수 있는지, 또 급진적이며 모험적인 사역으로 교회가 어떻게 변화될 수 있는지를 잘 보여 주는 탁월한 예라고 할 수 있다.

메가처치를 향한 여정과 목회적 회심

뉴송교회 Newsong Church 는 미국에서 가장 부유하고 안전한 도시 중 하나로 꼽히는 얼바인 Irvine, CA 에서 시작되었다. 뉴송교회는 한때 미국에서 가장 빠른 성장을 보이는 교회이자 아시안-아메리칸들 Asian Americans 이 주류를 이루는 교회 중 가장 큰 교회로 주목을 받았었다. 물론 이 모든 일은 데이브 기븐스Dave Gibbons라는 탁월한 목회자가 있었기 때문에 가능한 일이었다. 한때 릭 워렌Rick Warren과 빌 하이벨스Bill Hybels를 동경하며 그와 같은 목회를 꿈꾸던 기븐스는 그의 야망에 따라 뉴송교회를 현재의 모습과는 정 반대의 길로 인도했었다. 그런데 무엇이 그의 생각을 변화시켰으며, 현재 뉴송교회가 추구하는 가치는 무엇인지 지금부터 뉴송교회의 회심 이야기를 들어보자.

데이브 기븐스, 목회자로 부름 받다

데이브 기븐스는 어린 시절부터 자기 정체성에 대해 깊이 고민할 수밖에 없는 환경에서 자랐다. 그는 한인 1세인 어머니와 백인 아버지 사이에서 태어났다. 한국에서 태어났지만 어린 시절 미국으로 건너가 교육을 받은 그는 겉모습은 아시아인이었지만 내면은 미국인과 같았다. 10대 때 예수님을 영접하고 기독교 학교인 밥 존스 대학Bob Jones University에 진학했지만, 정체성으로 인한 내적 갈등은 더욱 심화되었다. 특히 근본주의 신학에 철저히 뿌리내리고 있던 밥 존스 대학은 2000년까지도 다른 인종간의 데이트를 금지할 정도로 엄격한 보수주의를 고수했다. 그런데 문제가 생겼다. 기븐스가 백인 여성을 사랑하면서 학교의 인종차별 정책을 비판했기 때문이었다이 여성은 후일 기븐스의 아내가 된다. 이런 이유로 기븐스는 학교를 떠나 달라는 요구를 받았다. 또한 이 사건은 기븐스가 자기 자신과 기독교의 본질에 대해 깊이 고민하게 만들었다.

그러나 이 일은 시작에 불과했다. 지역 교회의 탑 리더였던 아버지의 외도로 불거진 부모님의 이혼과 그로 인해 비참하고 힘겨운 삶을 살아가시던 어머니가 음주운전 차량에 치여 돌아가신 사건이 연이어 일어났다. 연민과 사랑의 대상이던 어머니의 죽음 앞에서 그는 끓어오르는 분노와 슬픔을 주체할 수 없었다. 그리고 이러한 불행에 아무런 답을 주지 못하는 교회에 깊이 실망했다. 이혼한 아시아인 여성을 어떻게 대해야 할지 모르는 교회에서 어머니는 부적합자 misfit에 불과했다. 그런데 놀랍게도 기븐스는 이러한 절망 속에서 하나님의 부르심을 받는다. 어머니의 죽음을 통해 그는 인생이 한순간이라는 것과 사람이 인생에서 추구하는 것들이 결국 아무것도 아니라는 사실을 깨달았다. 그때 하나님이 기븐스를 부르셨다. "데이브, 나는 너의 삶을 원한다. 너의 모든 것을 나에게 주기 원한다." 그 부르심 앞에서 그는 평생 목회자로 살 것을 헌신했다.

부적합자 misfit 를 위한 교회를 세우다

기븐스는 기도하면서 '자신을 왜 이렇게 만드셨는지'에 대해 물었다. 겉모습은 아시아인이지만 스스로를 미국인이라고 생각하며 살아온 그는 사실상 어디에도 어울릴 수 없는 존재였다. 이러한 고민을 하면서 그는 어머니와 자신 같은 부적합자들과 소외된 사람들을 위한 교회를 꿈꾸게 되었다. 성경을 연구하면서 이러한 생각들은 더 구체화되었다. 특히 예수님의 가계에 나오는 네 여인, 부정을 저질렀던 우리아의 아내 밧세바, 창녀였던 라합, 사회적 약자였던 룻, 의문의 임신으로 인해 사람들에게 눈총을 받아야 했던 마리아를 묵상하면서 교회는 신학적으로나 실제적으로 부적합자들을 위한 공동체가 되어야 함을 확신하게 되었다.

실패를 통해 본질로 돌아서다

1994년, 뉴송교회는 이러한 비전을 가지고 기븐스의 집에 모인 7명의 성도와 함께 시작되었다. 이후 교회는 놀라운 속도로 성장했다. 특히 현실적인 문제들을 설득력 있게 다루는 직설적인 메시지와 열린 자세로 삶을 공유하는 기븐스의 스타일은 인근 대학과 주변 교회에 몸담고 있던 젊은 아시안-아메리칸들을 빠른 속도로 빨아들였다. 특히 2005년 애나하임 컨벤션 센터에서 열린 부활절 전도 행사는 뉴송교회의 성장을 대외적으로 알린 행사였다. 대형 전광판과 레이저 등 디지털로 무장된 거대한 무대를 중심으로 무려 5천여 명의 성도가 모였다. 뉴송교회가 대형교회로 성장할 발판이 마련된 행사였다. 이를 계기로 교회는 본격적으로 대형교회가 되기 위한 준비를 시작했다. 때마침 최고의 위치에 엄청난 규모의 부지가 매물로 나왔다. 그들은 그 땅을 구입하여 새로운 건물을 지음으로 미국의 대표적인 대형교회가 되기 위해 캠페인에 돌입했다. 아이러니하게도 그때 내건 슬로건은 다음과 같은 것이었다. "이것은 단순히 건물을 위한 것이 아닙니다. 건물 안에서 어떤 일이 일어날 것인가에 관한 문제입니다." 대형교회를 꿈꾸는 속마음이 들키지 않도록 잘 포장된 상투적인 슬로건으로 성도들을 독려했다. 캠페인은 성공적으로 진행되었고, 500만 달러 이상의 헌금이 모였지만 그 땅이 다른 곳에 넘어가고 말았다. 그러나 감사하게도 이 사건을 계기로 기븐스는 수적 성장과 대규모의 과시적 행사에 대한 환상에서 깨어나게 되었다. 하지만 동시에 사역에 대한 열정을 잃어버릴 만큼 위기의 시간이기도 했다.

그때 하나님께서 기븐스에게 강하게 섭리하셨고, 그를 태국으로 이끌어 거기에서 새로운 뉴송교회를 개척하게 하셨다. 그는 태국에서도 자신의 방식대로 교회를 부흥시키려 노력했다. 그러나 미국 스타일의 극장식 예배와 모임을 적용해 많은 사람을 모으는 데는 성공했지만 현지인 사역자들로부터는 강한 비판을 받게 된다. 그들은 기븐스에게 "당신은 이곳에 미국의 뉴송교회를 만들려고 한다."고 직언했다. 태국은 소수의 사람이 동그랗게 둘러앉아 모두가 동참하는 방식으로 예배를 드렸는데 기븐스는 강단에서 대중을 향해 선포하는 방식을 적용했던 것이다. 이런 식으로는 태국에서 참된 공동체를 만들 수 없었다. 그때 기븐스가 하나님께 받은 메시지는 이것이었다. "데이브, 너는 이제까지 네가 배운 방식만을 의지해 왔다. 그렇지만 이 지역을 존중해라. 지역으로부터 배워라. 나는 이전과 다른 형태로도 일할 수 있단다." 이러한 응답을 받은 이후 기븐스는 사역에 대해 현지인 사역자들과 의논하기 시작했다. 그들은 소그룹 사역에 대해 많은 아이디어를 제시했다. 더 작은 그룹으로 모이되 전체가 모이는 모임은 한 달에 한 번 혹은 석 달에 한 번 정도로 하자는 것이었다.

이를 계기로 전 도시에 걸쳐 더 작은 그룹으로 모이는 'Verge'가장자리라는 모임이 시작되었다. 기븐스는 사역뿐만 아니라 삶의 방식까지도 바꿨다. 현지 문화를 수용하는 것이 아니라 미국 문화를 이식하려던 자신의 실수를 인식한 이후부터 그는 자신의 집을 성도들에게 개방했다. 깊은 관계를 형성하고, 서로 제한 없는 사랑을 나누는 교제의 중요성을 깨달았기 때문이다.

기븐스가 깨달은 또 하나는 사람의 소중함이었다. 이는 당시 아시아에서 가장 인기 있는 대중가수 중 한 명인 보이드 코시야봉 Boyd Kosiyabong과의 만남이 계기가 되었다. 기븐스는 초신자였던 코시야봉을 멘토링하면서 워십곡들을 만들도록 격려했다. 그 결과 그의 곡들이 태국을 넘어 인근 국가의 공중파에서 나오는 것을 보았다. 이때 기븐스는 하나님께 또 하나의 중요한 메시지를 듣게 된다. "네가 숫자로 판단하기 원한다면 그렇게 해 보아라. 너는 수천 개의 교회 중 단 하나의 교회를 세울 수 있을 뿐이다. 그러나 나는 한 사람을 통해서 수백만의 사람에게 영향을 끼칠 수 있다. 나는 네가 일생 동안 무슨 일을 하든지 그 이상을 할 수 있다." 그러면서 하나님께서 그에게 말씀하셨다. "사람을 더 깊이 사랑하는 것에 초점을 맞추어라."

변화된 가치와 철학

태국에서의 시간은 그의 사역을 송두리째 바꾸었다. 1년 후 그가 얼마인 뉴송교회로 돌아왔을 때, 그의 메시지와 비전은 본질적인 것에 맞춰져 있었다. 그리고 그것이 바로 뉴송교회의 비전이자 사역 방향이 되었다. 중요한 것을 몇 가지로 요약하면 다음과 같다.

첫째, 크고 화려한 것에서 작고 본질적인 것에 초점을 맞추는 사역으로 전환되었다. 작은 것이 진정 큰 것 small is big이라는 가치는 큰 건물과 브랜드, 대중전도집회와 대형교회에 집중되어 있던 사역들을 과감하게 포기하게 만들었다. 그리고 헌신된 소수의 리더를 만들어 내는 사역에 집중하게 하였다. 또한 중앙 집중과 통제에 기반을 뒀던 교회 시스템을 분산시키는 노력도 기울였다.

둘째, 설교보다 사랑이 훨씬 더 중요함을 깨달았다. 과거에는 탁월한 설교와 가르침을 통해 대중을 끌어모으는 강단 사역이 주를 이루었다면, 이제는 강단 아래 있는 사람들의 삶의 현장에 관심을 기울이게 되었다.

셋째, 수적 성장에서 사람에게로 초점이 옮겨지자 사람에 대한 이해 역시 달라졌다. 기존에는 교회성장을 위해 개인의 은사와 성품에 집중했다면 이제는 개인의 고통과 아픔이 가진 힘에 대해 새로운 안목을 가지게 되었다. 즉 고통은 파괴의 연료도 될 수 있지만, 반대로 혁명의 능력이 될 수도 있다는 사실에 주목하고 그 가능성을 보게 되었다.

넷째, 실용주의에 입각해 프로그램과 이벤트, 건물 등을 위해 사용되던 자원들을 사람을 개발시키는 것에 투자하게 되었다. 대부분의 교회는 프로그램을 돌리기 위해 전문가를 고용하고 활용한다. 또 교회 자원의 70% 이상을 시스템 구축과 유지에 사용한다. 그러나 뉴송교회는 교회 자원의

70% 이상을 사람을 키우고 성장시키는 데 투자한다.

다섯째, 하나님 나라를 위한 사역은 가장자리를 공략하는 것에서 시작된다. 역사를 보더라도 교회 개혁은 잠재력을 지닌 깨어있는 소수에 의해 일어났다. 그러므로 뉴송교회는 소외되고 무시당하는 소수와 약자, 주변 가장자리에 있는 사람들을 가장 중요한 사역의 대상으로 여긴다. 이는 또한 하나님의 사랑을 온전히 실천하는 것이기도 하다. 즉 이웃 사랑을 실천할 때 '이웃'이란 나와 비슷하거나 내가 사랑할 수 있는 익숙한 누군가가 아니라는 것이다. 진정한 이웃은 나와 같지 않은 다른 누군가이다. 때로 이웃은 수용하기 어렵고 함께 있기 불편한 사람이거나 성격적으로 안 맞는 사람일 수도 있다. 그러나 나와 같지 않은 사람을 사랑하기 시작할 때 비로소 세상은 그러한 사랑을 주목하게 된다. 왜냐하면 그런 사랑은 우리의 힘으로는 불가능하기 때문이다. 참된 이웃 사랑은 하나님의 사랑에 기초할 때에만 가능하고 그 사랑만이 세상을 변화시킬 수 있다.

기븐스는 이 같은 사역 철학에 기초해 기존의 패턴에 익숙해 있던 성도들을 도전하기 시작했다. 더 이상 교회에 머무르려 하지 말고, 교회 밖으로 나가 지역 공동체로 들어갈 것을 요구했다. 그 일환으로 가장 먼저 그들이 살고 있는 부유한 얼바인 지역을 떠나 인근의 가난한 지역인 산타 아나 Santa Ana 지역을 품을 것을 강조했다. 옆에 있는 이웃을 사랑하지 않으면서 보이지 않는 세상을 사랑하여 세계 선교를 감당하는 것은 불가능하다고 도전했다. 급기야 그는 향후 교회가 얼바인에서 산타 아나로 이전할 수도 있다고 선포했고, 급진적인 그의 메시지와 사역으로 인해 사람들은 당황하기 시작했다. 실제로 이 당시 30%가 넘는 성도가 교회를 떠났다. 기븐스는 이때를 회상하며 다음과 같이 말했다.

"그들은 메뉴를 선택할 수 있는 식당처럼 자신의 필요를 채워주는 교회를 원했다. 우리는 성도들이 요구하는 프로그램을 만들어 그들의 필요를 충족시켜 줄 수도 있었다. 그러나 그렇게 하지 않았다. 왜냐하면 그것이 우리의 사명이 아니기 때문이다. 우리의 사명은 실제로 사람들을 사랑하는 것이었다."

떠난 사람들로 인해 교회는 힘겨운 시간을 보내야 했다. 성도들을 잃음으로써 생긴 재정적 압박이 심했기 때문이다. 그러나 남은 이들은 이에 굴하지 않고 하나님께서 주신 비전을 성취하기 위해 나아갔다. 뿐만 아니라 리더십을 분산시키면서 더욱 유기적인 organic 교회가 되기 위해 혼신의 노력을 기울였다.

본질에 초점을 맞춘 사역 철학이 정립되고 자리를 잡게 되자 교회에는 점차 유기적인 교회에 대한 비전을 이해하는 사람들이 늘어나게 되었다. 그에 따라 대형교회에 대한 비전 대신 새로운 시각으로 하나님 나라와 세상을 향한 사명을 감당할 수 있게 되었다. 더불어 아시안-아메리칸 교회로서의 독특한 정체성과 그에 기반을 둔 창조적 사역이 강화되었고, 이전에 시도해 보지 못했던 새로운 방식의 사역과 아이디어들을 실험하는 것에서 자유로워졌다.

비전을 향한 새로운 도전

2014년 12월, 뉴송교회는 사역의 중요한 전환점을 맞이했다. 미국에서 가장 부유하고 안정적이며 살기 좋은 도시인 얼바인Irvine을 떠나 상대적으로 낙후되고 열악한 도시인 산타 아나Santa Ana로 예배처소를 이전했기 때문이다. 이는 산타 아나에 있는 한 전통적인 침례교회와의 합병을 통해 이뤄졌다. 그 교회는 100년이 넘은 전통을 가진 교회였지만, 줄어드는 성도와 급격한 노령화로 더는 교회를 지탱할 수 없는 상황에 이르렀다. 이런 상황에서 지난 수년간 산타 아나 도시를 섬기는 뉴송교회의 봉사와 헌신에 감동하여 도움을 요청한 것이다.

사실 뉴송교회에게 가장 손쉬운 결정은 그 교회를 캠퍼스로 삼는 것이었다. 그동안 성공적인 멀티 사이트 사역을 해온 노하우가 축적되어 있었기 때문이다. 그러나 뉴송교회는 교회를 완전히 이전하기로 결정했다. 이는 교회성장학적 관점에서 보면 매우 위험한 도전이었다. 기존 교회에서 새로운 교회까지의 거리는 차로 30분이나 걸렸고, 전통적인 오래된 건물을 사용해야 했다. 그러나 뉴송교회는 성공과 편리가 아닌 비전과 소명에 따라 결정을 내렸다.

감사하게도 시작부터 놀라운 일이 일어났다. 죽어가던 전통 교회가 완전히 살아난 것이다. 예배 장소를 옮기면 예배 인원이 적어도 수백 명은 줄어들 거라고 예상했지만, 예상은 빗나갔다. 높은 천정과 장의자, 벽돌로 이루어진 전통적인 예배당은 놀랍게도 다양한 인종의 젊은 성도들로 가득 찼고, 예배의 열기는 그들의 열정으로 뜨겁게 달아올랐다. 자율과 전통이 만난 예배 현장은 형용할 수 없을 정도로 아름다웠다. 결국, 참된 교회는 건물이 아니라는 케케묵은 진리를 또다시 확인하는 순간이었다. 참된 교회는 그 공동체에 속해 있는 회중의 정체성과 그들이 드리는 예배와 사역으로 정의됨을 다시 한 번 깨닫게 했다. 이런 면에서 뉴송교회의 변화는 교회의 본질이 무엇인지를 다시금 생각하게 하는 좋은 예라 할 수 있다.

개별화되고 특수화된 훈련 customized and specialized training

개인에게 초점이 맞추어진 훈련을 지향하기에, 뉴송교회의 훈련은 기존 교회의 방식과는 크게 구별된다. 근대화된 교회들은 모든 것이 톱니바퀴가 맞물리듯 돌아가는 정교한 시스템을 구축하려 한다. 또한 단계별 성경공부와 제자훈련, 규격화된 훈련 프로그램들을 적용하기 위해 많은 노력을 기울인다. 그러나 뉴송교회는 대중이 아닌 각 사람에게 맞춰진 개별화되고 특수화된 훈련을 지향한다. 그들의 관심은 각 개인이 자신의 목적과 사명을 발견하여 그 은사와 잠재된 능력을 확장하는 것을 돕는 데 있다. 그러므로 그들은 우선적으로 개인을 알고 이해하는 데 많은 시간을 투자한다. 사람을 깊이 알면 그 사람을 향한 하나님의 섭리와 계획을 보다 선명하게 알 수 있기 때문이다.

이러한 사역적 특성은 새신자 사역에서부터 두드러진다. 새신자들은 정기적으로 담임목사의 집에 모여, 식사를 나누고 교제를 하면서 서로 마음을 열고 알아가는 시간을 갖는다. 이를 위해 기븐스는 자신의 인생에서 겪었던 아픔과 상처를 먼저 나누고, 그 속에서 경험했던 하나님의 손길과 은혜를 고백한다. 참여자들 역시 돌아가면서 자신의 삶을 나누게 되는데, 그 나눔 가운데 감춰두었던 삶의 굴곡과 아픔이 드러난다. 이러한 과정을 통해 새신자들은 형식이 아닌 인격적으로 서로를 알아가며 받아들이는 경험을 하게 된다. 솔직하고 따뜻한 만남은 자신과 타인, 하나님을 향해 긍정적인 태도를 갖게 하는 데 효과적이다.

한편 하나님 안에서 삶의 목적을 찾고 변화된 삶을 꿈꾸는 이들을 위한 'Flow'라는 사역이 있다. 이는 개인의 잠재된 열정과 능력을 발견하기 위해 과거의 자신을 진단하고, 이를 토대로 현재와 미래의 삶을 준비하고 개발하도록 돕는 일종의 '개인 컨설팅 프로그램'이다. 통상 몇 시간씩 혹은 몇 회씩 이어지는 이 프로그램은 우선적으로 개인의 인생 이야기를 진솔하게 고백하고 그 가운데 개입하셨던 하나님의 손길을 발견하도록 돕는다. 이 과정에서 참여자들은 자신에게 잠재되어 있던 상처와 아픔, 고통을 고백하며 치유를 경험한다. 또한 이러한 과정을 통해 잠재된 열정과 가능성, 소명과 목적을 인식하게 된다. 스스로 보지 못했던 하나님의 손길을 전문적인 돌봄과 컨설팅을 통해 발견하게 되는 것이다. 뉴송교회에서 'Flow' 사역은 매우 강력한 사역이다. 개인의 비전과 목적을 점검하는 차원에서도 효과적이지만, 나아가 더 깊은 차원의 헌신과 전문적인 사역을 위해서도 이 사역은 강력하게 사용되고 있다.

모델링 modeling 을 통한 훈련

이처럼 개별화되고 특수화된 훈련은 데이브 기븐스의 희생적 삶의 모델이 있기 때문에 가능하다. 그는 설교를 하기 위해 강단에 올라가는 순간에도 하나님께서 특별히 관심을 갖고 계신 한 사람을 찾기 위해 주목한다. 그리고 매주 설교를 마친 후 예배에 참석한 한두 사람과 하나님께서 주신 마음으로 깊은 이야기를 나누고 격려하는 시간을 가진다.

이러한 모습은 일부분에 불과하다. 지난 20년 동안 기븐스의 집은 언제나 열려 있었다. 적게는 2-3명에서 많게는 16명까지 함께 산 적도 있는데 이것은 '함께 살면서 모든 면을 보여 주는 살아있는 교육'에 대한 그의 독특한 철학 때문이다. 그는 자신의 삶이 곧 교육내용이라고 말한다. 심지어 자기 가정의 문제나 갈등이 드러나도 가정의 문제를 어떻게 해결해 가는지를 제자에게 보여 줄 기회라고 여긴다. 사실 같이 먹고, 자고, 이야기하며 삶을 보여주는 것은 예수님의 교육 방식이었다. 기븐스는 이러한 예수님의 교육 방식대로 자신의 집에서 짧게는 며칠, 길게는 3~8개월까지 함께 살면서 훈련을 시킨다. 그동안 이렇게 훈련받은 사람이 공식적으로 100명이 넘고, 장기적으로 머물며 훈련을 받은 사람도 30명이 넘는다. 물론 아무에게나 그 문이 열린 것은 아니다. 잠재적 리더십을 중요하게 생각하는 기븐스는 사업가, 운동선수, 예술가, 교사, 목사 등 사회 각층에서 영향력을 미칠 수 있는 사람들을 선별해서 훈련한다. 현재도 음악 전문가와 유명한 농구선수가 기븐스의 집에 함께 거하면서 훈련을 받고 있다.

기븐스는 참된 제자는 어떻게 만들어지며, 예수님이 만약 지금 이곳에 오신다면 어떤 사역을 하실지를 항상 되새긴다. 그분은 천상의 모든 천사를 동원해 온갖 현란한 쇼와 최첨단 기술로 능히 다수를 대상으로 사역할 수 있지만 여전히 예수님께서 관심과 시간과 에너지를 쏟아부을 대상은 소수일 거라고 믿는다. 제자는 결코 프로그램으로 만들어지지 않는다. 제자도는 삶과 경험을 통해 체득되기 때문이다. 그런 의미에서 지도자의 삶과 사역이 제자훈련의 핵심이다. 지도자의 삶을 보고 제자는 자신이 보고 느낀 것들을 배우고 습득한다. 기븐스는 우리의 물질과 시간이 어디에 집중되어 있는지를 묻는다. 끊임없이 비신자를 만나고, 그들을 사랑하고, 복음을 증거 하고, 소수의 사람을 세우고 훈련하는 일에 자신을 쏟아붓고 있는가? 만약 그렇다면 교회는 그렇게 훈련받은 사람들을 통해 세상에 더 큰 영향력을 미치게 되리라고 확신한다.

담이 없는 교회 Church without Walls

교회의 관점에서 볼 때, 성도를 제자로 훈련하고 무장시키는 것은 매우 중요하다. 성도들이 가정과 삶의 현장에서 또는 부름 받은 제3의 장소에서 선교적인 사역을 감당하기 위해서는 견고한 정체성과 부르심에 대한 강한 소명의식, 그리고 실제로 일을 감당할 수 있는 탁월성이 함께 요구되기 때문이다. 이런 측면에서 뉴송교회는 성도들의 선교적인 삶을 위해 세상과의 담을 허물기 위해 노력한다. 일명 '담이 없는 교회' church without walls 로서 지역 공동체를 섬기고, 사랑하고, 봉사하기 위해 적극적인 노력을 기울인다. 그중 하나가 'The Village'라는 이름으로 진행되는 사역이다. 이 사역은 지역의 위탁 아동과 청소년, 청년, 고아들에게 돌봄과 멘토링을 제공하며 그들의 리더십 개발을 돕는 사역이다. 'Laundry Love'는 산타 아나에 있는 공동세탁실을 찾아가 가난한 지역 주민들에게 비누와 동전, 커피를 나누어 주며 사랑을 실천하는 사역이다. 지난 5년간 매주 금요일 7시에 로스앤젤레스 거리에서 노숙자들을 섬기고 함께 예배하는 사역도 진행하고 있다. 때로 뉴송교회는 담이 없는 교회가 되기 위한 파격적인 행보도 마다치 않는다. 어느 주일에는 교회에서 예배를 드리지 않고, 지역에 가서 봉사하고 그들과 함께 예배를 드리기도 한다. 이와 더불어 대부분의 학생이 히스패닉으로 구성된 지역 고등학교와 연계하여 학생들의 공부를 돕고, 멘토링을 해주는 사역 역시 활발하게 진행하고 있다. 또한 공부뿐 아니라 스포츠, 음악, 상담 등을 활용해 학교와 학생들을 돕고 있다. 벽이 없는 교회가 되기 위해 현재 가장 주안점을 두고 진행하는 사역은 산타 아나 지역 주민들을 대상으로 한 아카데미academy 사역이다. 지역 주민들을 위해 매주 수요일마다 식사를 대접하고 악기, 요리, 아트, 요가, 노래 등 다양한 강좌를 열어 섬기고 있다. 주목할 점은 매주 참석하는 삼백 명 이상의 사람 중 대부분이 비신자라는 사실이다. 또한 산타 아나에 있는 교회 공간 역시 지역 공동체를 위해 사용되고 있다.

뉴송교회의
사역 원리

첫째, 지도자의 사역 철학을 점검하라.

교회의 갱신과 변화를 원한다면 최우선적으로 사역 철학을 재점검해야 한다. 성경적인 토대 위에 사역 철학이 세워져 있는지 또 교회의 사역이 사역 철학을 바탕으로 행해지고 있는지를 철저하게 점검하고, 그렇지 않다면 과감하게 돌이키려는 시도를 해야 한다.

둘째, 사역이 프로그램 중심인지 사람 중심인지를 점검하라.

선교적 교회가 되기 위한 관건은 하나님의 백성을 선교적인 제자로 삼을 수 있는가에 달려있다. 이는 곧 성도 개개인이 자기 자신을 선교사로 인식하고 세상 속에서 선교적인 삶을 살아가는 것을 뜻한다. 교회는 성도들을 어떻게 훈련시키고 있는가? 단지 교회를 위한 헌신자로 세워가고 있는가? 아니면 세상 속에서 선교적인 삶을 살아갈 수 있도록 훈련하고 있는가? 성도들을 선교적인 제자로 삼기 위해서는 소수에게 초점을 맞추고, 그들의 가능성과 잠재력이 확장될 수 있도록 돕고 훈련하는 일에 모든 역량을 기울여야 한다.

셋째, 모델링으로 제자를 훈련시키라.

예수님의 제자양육은 대량생산과 효율성 같은 경제논리로 설명할 수 없다. 그분은 철저하게 비효율적인 방식을 선택했다. 주님은 체계화된 커리큘럼 대신 함께 먹고, 마시고, 살면서 모든 것을 보여 주는 도제교육 방식을 선택했다. 데이브 기븐스의 진정성은 탁월한 논리와 능력으로 나타난 것이 아니다. 자신을 열어 제자들과 함께 살면서, 제자로서 살아가는 방식을 직접 보여 주고 경험하게 할 때 자신을 닮은 예수의 제자들이 만들어질 수 있음을 기억해야 한다.

넷째, 변화를 위한 대가를 지불하라.

뉴송교회는 참된 가치를 추구하는 과정에서 발생하는 위험을 기꺼이 수용했고, 지금도 감수하고 있다. 급진적인 사역 방식이 때로 다수의 성도를 불편하게 만들 수도 있다. 그러나 교회는 성도를 기쁘게 하는 기관이 아니라 하나님을 기쁘시게 하는 기관이며 하나님의 뜻을 찾고 추구하는 사명 공동체이다. 당연히 거기에는 치러야 할 대가가 있다. 사람의 관점이 아닌 하나님의 관점에서 자신을 비추어 본다면 교회는 한 곳에 머물 수 없다. 지속적인 모험과 변화는 필연적인 것이다. 그것이 참된 선교적 교회의 여정임을 기억하라.

홈페이지: newsong.net

나가는 말

참된 교회가 되기 위해서는 하나님 나라의 관점에서 냉철한 자기 성찰을 통해 끊임없이 본질로 돌아가려는 갱신이 필요함을 잊지 말라. 그리고 교회의 갱신은 그리스도를 위해 기꺼이 자신을 드리고자 하는 참된 제자가 만들어질 때 비로소 구체화될 수 있음을 기억하라. 그러나 그런 제자는 결코 자동적으로 만들어지지 않는다. 자신의 삶을 통해 그리스도의 향기를 드러내며 예수님처럼 살아가는 모델이 있을 때만 가능하다. 예수님의 제자도는 이론이 아니라 오직 삶을 통해 완성됨을 기억하라.

결론

ReFormChurch

프리드리히 니체 Friedrich W. Nietzsche 는 기독교가 예언자적 종교로서 온전한 기능을 발휘하지 못할 때 신앙은 '생명을 살리는 샘물이 아닌 독이 든 우물'이 된다고 비평했다. 미로슬라브 볼프 Miroslav Volf 는 이것을 '기능장애'라는 말로 표현하기도 했다.[1] 이런 말들이 성장이라는 동력에 가려 치부를 숨겨왔던 한국 교회를 향한 직언처럼 들리는 것은 왜일까? 물론 이것이 한국 교회만의 문제는 아닐 것이다. 역사적으로 볼 때 부흥의 절정기를 경험했던 수많은 교회들이 동일한 상황을 겪었다. 사실 현재 한국 교회가 직면한 어려움과 문제들은 기독교의 원류라 할 수 있는 유럽에서 이미 겪었던 일들이며 오늘날 미국 교회가 직면하고 있는 현실이기도 하다.

이런 이유 때문이었을까? "When God left the Building"이라는 다큐멘터리를 만든 톰 슐츠 Thom Schultz 는 미국 교회의 현실을 다음과 같이 극단적으로 표현했다. '우리가 알듯이 미국 교회는 죽어 가고 있다!' 청교도정신으로 시작해 황금기를 보내왔던 교회들이 아름답고 웅장한 건물만 남긴 채 사라지고 있는 현실을 냉혹하게 묘사한 것이다. 더욱 충격적인 사실은 이러한 위기가 스스로 정통이라 여기며 자부심을 느끼던 메인라인 교회들 mainline denominations 을 중심으로 가속화되고 있다는 점이다.

그들은 최근 급격히 줄어드는 성도들로 인해 당혹감을 감추지 못하고 있다. 젊은이들이 썰물처럼 빠져나간 교회에는 소수의 노인들만 남아 자리를 지키고 있다. 오늘날 미국은 매년 1,000개의 교회가 세워지고 4,000개 교회가 문을 닫는다.[2] 과연 미국 교회는 유럽 교회들처럼 사멸되고 말 것인가? 그리고 미국 교회의 전철을 따라 한국 교회 역시 쇠퇴할 것인가? 냉철하게 현실을 주목한다면 그러한 예상이 맞을 확률이 높아 보인다.

그러나 눈을 열어 하나님의 사역을 보게 될 때 우리는 일말의 희망을 품을 수 있다. 사실 교회는 처음부터 주변부의 사람들로부터 시작되었고, 위기 때마다 주변부의 사람들로 인해 새로워졌다. 그렇게 보면 하나님의 나라는 매우 역설적이다. 그리스도의 핏값으로 세워진 교회는 전통을 고수함으로써 견고해지는 것이 아니라, 거대해 보이는 도전 앞에서 창의적인 사고로 새로운 사역을 시도하면서 발전하고 성장해 왔기 때문이다. 다시 말해 역사는 교회가 과거의 틀에 얽매여 그것을 지키려고 고집할 때 힘을 잃을 수도 있다는 사실을 확인시켜 준다. 반대로 변하지 않는 진리를 변하는 세상에 온전히 증거하기 위해 계속해서 길을 찾고 노력할 때, 하나님의 선교는 전혀 새로운 얼굴과 모습으로 사람들과 시대를 변화시킨다.

본서에 나오는 10개의 교회를 하나의 틀로 규정하는 것은 불가능하다. 그러나 그 교회들에게서 발견되는 공통점이 있었다. 그 교회들엔 한결같은 신앙의 역동성이 있었으며 무엇보다 예배에 강한 성령의 임재가 있었다. 세대와 인종의 한계를 뛰어넘고 지역과 전통의 틀을 극복해 나가기 위한 노력과 성도들을 세상으로 내보내기 위한 노력도 공통적으로 나타났다. 이를 위해 교회는 성도들을 선교적인 공동체로 묶고, 그들이 더불어 선교적인 삶을 살 수 있도록 격려했으며 교회의 사역은 단순하지만 집중력이 있었다. 또 하나의 공통점은 느슨한 구조와 수평적이며 참여적인 리더십과 다양한 실험과 도전이 있는 사역이었다. 이 10개의 교회들은 물론 완전하지 않다. 그렇지만 그들은 모두 그리스도의 제자로서 복음을 위해 위험을 감수하는 삶을 살고 있다. 이것이야말로 그들의 공동체를 가치 있게 만든 힘이다.

필자는 이 교회들에게서 희망을 보았다. 거친 세속의 소용돌이가 마치 하나님의 교회를 집어삼킬 것처럼 보이는 상황 속에서도, 포기하지 않고 새롭고 창조적인 접근으로 선교적인 열정을 불태우며 새로운 교회의 역사를 만들어 나가고 있었기 때문이다. 이 시대에도 하나님의 역사는 여전히 살아 역사하고 있다. 그리고 그러한 역사는 미국 교회를 넘어 한국 교회와 우리 교회에도 적용될 수 있다고 믿는다.

변혁을 위한 선교적 키워드

사실 연구를 시작하기 전 필자가 기대했던 것은 각 교회마다 구별된 특징이었다. 그러나 연구를 마친 지금은 차별화되고 구별된 것들보다 공통적인 것들이 훨씬 많다는 것을 발견했다. 그 공통점들은 다음과 같은 키워드로 집약되었다.

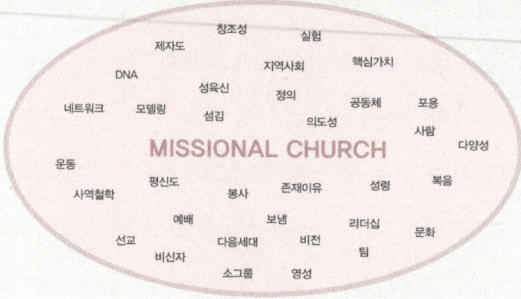

선교적 키워드

선교적 키워드의 세 가지 카테고리

선교적 키워드들을 유사 개념끼리 묶어 보았더니 어지럽게 보이던 키워드들이 다음의 세 가지 카테고리로 집약되었다.

(1) 존재론적 인식 (2) 내적 사역 (3) 외적 사역

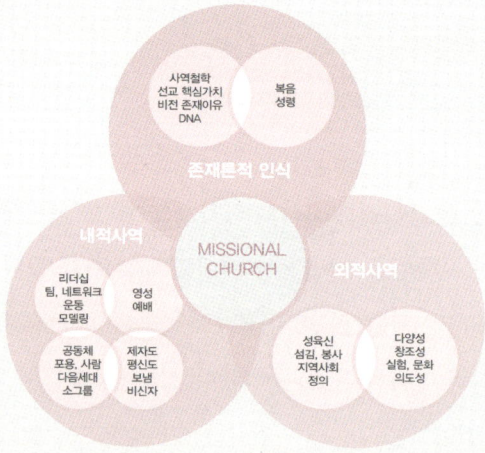

선교적 교회의 사역 카테고리

첫째, 새롭고 역동적인 사역을 위해서는 공동체의 부르심에 대한 존재론적 인식이 선행되어야 한다. 선교적 사명과 부르심에 대한 확신이 중요한 것이다. '우리는 과연 예수 그리스도의 사역을 위탁받은 공동체로서 하나님의 선교 missio dei 에 동참해야 할 사명을 분명하게 인식하고 있는가?' 분명한 사실은 선교에 대한 명확한 비전과 사역 철학이 세워질 때 비로소 공동체의 핵심가치가 결정된다는 점이다. 본 저서에서 살펴본 교회들은 명확한 비전과 사역 철학, 핵심가치를 가졌을 뿐 아니라 이를 전 성도와 깊이 있게 공유했다. 교회가 공동체적 사명에 대해 분명한 자기 정체성 DNA 을 가질 때 사역이 분산되지 않고 선택과 집중이 가능해진다.

둘째, 건강한 교회일수록 내적 사역과 외적 사역 사이에 긴밀한 상호작용이 있고 이를 통해 사역의 상승효과가 일어난다는 점이다. 최근 선교적 교회 운동을 하는 진영에서는 교회의 초점이 내적 사역에서 외적 사역으로 옮겨가야 한다고 강조한다. 사람들을 교회로 끌어모으는 come to us-attractional 접근 방식에서 사람들에게로 찾아가는 성육신적 go to them-incarnational 접근 방식으로 사역을 전환해야 한다[3]는 관점은 개교회주의에 몰입된 한국 교회에 새로운 관점이 될 수도 있다. 동시에 더 이상 사람들을 기존 건물로 초청하는 방식이 통하지 않는 시대를 살아가면서, 그리스도인들이 복음을 들고 세상 속으로 침투해 들어가야 한다는 것은 합리적인 대안이다. 그러나 이러한 대안만 강조하다가 교회의 존재론적 가치를 희석해서는 안 된다. 즉 교회는 세상과 구별된 공동체로서의 자기 정체성을 분명히 해야 한다. 쉽게 말해 내적 성장과 성숙이 없는 교회가 건강한 외적 사역을 감당할 수 없다는 뜻이다. 참된 선교적 교회는 선교에 대한 분명한 사명의식과 함께 내적 사역과 외적 사역의 조화를 이루어야 한다.

    이번 연구를 통해 10개의 교회들을 살펴보면서, 필자에게 가장 인상적으로 다가왔던 사실은 이 교회들이 하나같이 예배가 살아있었다는 점이다. 필자는 그들의 예배 속에서 영적 충만함을 경험할 수 있었다. 예배를 통해 살아계신 하나님을 체험하고 부르심에 대한 사명을 확인할 때 비로소 성도들은 참된 제자로 살아갈 힘을 얻게 된다. 그러므로 한국 교회가 살아나기 위해 가장 시급하게 해결해야 할 과제는 바로 예배의 회복이다. 메시지를 통해 참된 복음이 선포되고, 하나님을 느끼고 경험할 수 있는 예배가 이루어질 때 교회는 다음 단계로 나아갈 수 있기 때문이다.

    제자도와 공동체에 대한 새로운 인식과 접근 또한 중요하다. 참된 제자는 커리큘럼으로 교육되는 것이 아니라 복음을 살아내는 과정을 통해 만들어진다. 즉 온실 속 화초처럼 교회의 울타리 안에 머물며 이론적으로 교육된 성도가 아니라 거친 세상 속에서 보냄받은 선교사로서 살아가는 그리스도의 참된 제자가 배출되기 위해서는 사역의 패러다임부터 바꿔야 한다. 선교적 공동체는 선교를 자신의 삶에서 구현하고자 하는 제자들의 공동체이다. 단순히 교회를 유지하고 결속시키는 차원의 공동체가 아니라 함께 세상 속에서 증인으로서의 삶을 살아내는 공동체를 만들어야 한다. 우리가 살펴본 10개의 교회들은 사역적인 면에서 유사한 특징이 있었는데 그들은 모두 자발적이며 역동적인 선교 공동체였다.

이렇듯 분명한 사역 철학과 건강한 내적 사역이 뒷받침될 때 외적 사역 역시 능동적이고 효과적으로 진행될 수 있다. 교회는 사회 혁명을 도모하는 기관이 아니다. 그러나 하나님의 선교에 대한 분명한 인식을 가지고 그분의 마음으로 사역하는 교회는 세상을 사랑하고 섬기는 공동체가 될 수밖에 없다. 특히 교회가 있는 지역 사회는 그러한 관심과 사랑의 일차적 대상이다. 성도가 살아가는 삶의 현장이 선교지이듯이 교회가 위치한 지역 사회가 공동체의 선교지라는 사실을 간과해서는 안 된다. 본서에서 다뤄진 교회들은 한결같이 신앙 공동체의 선교의식이 지역과 세상을 향한 선한 행위로 이어진다는 공통점이 있었다. 그들은 지역 공동체를 섬기기 위해 의도적이고 창조적이며 실험적인 사역을 시도했다. 세상 문화를 분별하여 존중하면서도 활용할 방안을 찾는 성육신적 사역을 실천한 것이다. 예수 그리스도께서 그러하셨던 것처럼, 참된 사랑과 섬김은 일그러진 사회를 바로 세우고 하나님 나라의 샬롬과 정의를 이 땅에 실현할 수 있는 통로가 된다. 힘이 아니라 사랑이 세상을 변화시키는 능력인 것이다.

선교적 교회의 사역 흐름

앞에서 살펴보았듯이 교회의 선교적 사역은 분명한 사명을 발견 discern 하는 것에서부터 시작된다. 따라서 각 교회에게 허락하신 독특한 사명을 식별해 내는 것이 무엇보다 중요하다. 각각의 신앙 공동체에 주어진 은사와 사명이 모두 다르기 때문에 교회의 사역이 모자이크와 같이 조화롭고,

하나 됨을 통한 시너지 효과가 일어나는 것이다. 결론적으로 예배와 제자도, 공동체를 통한 구성원들의 성장과 성숙 equip 이 이루어질 때 지역 사회와 열방을 향한 선교 사역이 가능해진다 engage.

선교적 교회의 흐름

다시 말해, 교회의 선교사역은 먼저 자기 자신을 이해하고, 다음으로 지역 사회를 이해할 때 시작될 수 있다. 그런 면에서 교회의 선교사역이 자기 기준과 필요에 의해 시행되는 것은 바람직한 모습이 아니다. 이를 위해서는 먼저 자기 공동체의 은사와 열정, 지역 사회의 필요와 요구가 무엇인지를 식별하는 것이 중요한 것이다.

나아가 성도들을 선교적 자원으로 잘 훈련시킬 때 훨씬 더 능동적이고 도전적인 사역이 이루어질 수 있다. 이를 위해서는 먼저 교회가 성도를 선교적 존재로 인식하여 믿고 파송할 수 있는지를 물어야 한다. 예수님께서 불완전해 보이는 제자들을 담대하게 세상으로 보내셨던 것처럼, 하나님의 선교는 이성적인 판단과 계산에 의해 진행되는 것이 아니라 철저히 성령의 사역과 역사를 통해 이루어짐을 고백할 수 있어야 한다. 그리고 넘어지고 실패해도 다시 일어나 함께 그 길을 갈 수 있는 동료들을 키워내야 한다. 그래야 교회가 더욱 창조적이고 혁신적인 방식으로 주님의 선교에 동참할 수 있다.

마지막으로, 이 세상에는 완전한 모델이 없다는 사실을 기억하라. 모든 교회는 불완전하다. 그러나 교회는 성령의 공동체이다. 사람의 계획이 아니라 하나님의 계획과 뜻 안에서 그의 나라가 이루어져 간다. 그러므로 두려워하지 말고 담대하게 성령께서 일하실 수 있는 공간을 만들어 그분께 맡기라. 하나님께서 일하실 수 있도록, 하나님께서 일으키실 수 있도록 순종하는 백성이 되라.

선교적 상상력으로 맞이하는 미래

많은 사람이 우려하듯이 한국 교회의 미래는 지금보다 훨씬 더 어렵고 힘겨운 선교의 장이 될 것이다. 교회의 성장 동력은 더욱 약해지고, 거세지는 세속화의 물결은 교회를 더욱 주변부로 몰아넣을 것이다. 이러한 상황 속에서 과연 한국 교회의 미래는 있는가? 교회의 역사는 곧 하나님의 선교의 역사였다. 그리고 하나님의 역사는 언제나 보이지 않는 곳에 감추어둔 깨어있는 소수를 통해 이루어졌다. 또한 시대에 대한 인식과 복음에 대한 강한 신념을 통해 일어난 부흥 운동은 언제나 새로운 선교 운동으로 이어졌다. 그러므로 역사상 그 어느 때보다 세속화되고 비관적인 현시대에 새롭게 부상하고 있는 교회들을 주목하라. 그곳에서 하나님의 일하심을 목격할 수 있을 것이다. 하나님은 지금도 깨어있는 자신의 백성들을 찾으시고, 그들을 통해 새로운 운동을 일으키고 계신다. 그렇다면 우리도 하나님의 역사에서 방관자가 아닌 함께 땀 흘리는 동역자가 되기를 기대해 본다. 또한 하나님의 완전한 통치가 이루어지는 그 나라를 향한 갈망이 선교적 소망이 되고, 이 소망이 교회와 사회를 변화시키는 강력한 운동으로 이어지기를 기대해 본다. 이를 위해 선교적 상상력이 꺼지지 않도록 믿음의 눈을 통해 자신과 교회와 세상을 바라보라. 그분을 기대하라. 그리고 위대한 일을 시도하라.

주

모델1 크리스천 어셈블리 Christian Assembly

1) 아주사 부흥 운동은 1906년 4월 캘리포니아 로스엔젤레스에서 시작된 부흥 운동이었다. 아프리칸 아메리칸이었던 윌리암 세이모어(William J. Seymour)에 의해서 시작된 본 운동은 1915년까지 지속되었다. 그 결과 오순절 부흥 운동은 미국과 유럽을 넘어 전 세계로 퍼지게 되었고, 이를 기반으로 한 다양한 교단이 형성되었다.
2) 공동 담임목사인 톰 휴즈와의 인터뷰에 따르면 교회는 공식적인 통계를 의도적으로 가지고 있지 않다. 매주 교회에 출석하는 성도만을 계수하며, 주일예배에 참석하는 총 성도 수는 5,000명 이상이 될 것으로 추정하고 있다.
3) 예배 담당 목사인 제이콥은 (Jacob Park) 이러한 분위기가 가능한 이유를 다음과 같이 말했다. "교회의 리더들은 모두 교회의 전성기가 한 시대에 머물지 않고 다음 세대로 이어지고 발전될 것을 꿈꾸고 있습니다." 〈필자와의 인터뷰. Christian Assembly, Eagle Rock, CA. 2015년 6월 2일〉
4) Dressember의 홈페이지 주소는 다음과 같다. 〈http://www.dressemberfoundation.org/〉
5) Scot McKnight, Kingdom Conspiracy: Returning to the Radical Mission of the Local Church, (Grand Rapids, MI: Brazos Press, 2014), 68-74.
6) Leonard Sweet, 교회 스타벅스에 가다(The Gospel According to Starbucks), 이지혜 역, (서울: 국제제자훈련원, 2009), 18-19.
7) 엘빈 토플러는 사회변혁을 주도하는 기업과 사업체, NGO 등과 달리 관료조직에 기반한 조직은 변화에 가장 저항적인 집단이라고 주장했다. 전통적인 교회 또한 그런 관점에서 볼 때 가장 변화가 느린 조직에 속한다. 참조, Alvin & Heidi Toffler, 부의 미래(Revolutionary Wealth), 김중웅 역, (서울: 청림, 2006), 63-72.
8) N. T. Wright, 예수와 하나님의 승리(Jesus and the Victory of God), 박문재 역, (서울, 크리스천다이제스트, 2004), 996.

모델2 모자이크교회 MOSAIC

1) Colin Greene & Martin Robinson, Metavista: Bible, Church and Mission in an Age of Imagination. (Colorado Springs, CO: Authentic, 2008), 40-42.
2) 본 다큐멘터리는 다음 사이트를 참조하라. 〈http://powertochange.com/itv/spirituality/crave-

the-documentary/〉
3) 멈출 줄 모르는 변화, 새로운 시도, 창조적 사역들을 통해 모자이크 교회는 미국의 탁월한 교회 중에서도 가장 혁신적인 교회로 정평이 나 있다. "2013's Top Ranked Churches in America," ChurchRelevance.com, 〈http://churchrelevance.com/resources/top-churches-in-america/〉
4) 모자이크는 'Club Soho'나 살사 댄스로 유명한 'Mayan Theatre', 최근에는 'Club Nokia' 같은 곳을 예배 장소로 사용하면서 젊은이들을 전도하고 복음화하기 위한 다양한 노력을 기울여 왔다.
5) 이에 대한 내용은 목회와 신학 2013년 9월호를 참조하라. 〈http://moksin.duranno.com/common/news/listbody.asp?a_site=4_0&po_no=33546〉
6) Erwin Raphael McManus, 코뿔소교회가 온다. (서울: 두란노, 2004).
7) Dan Wooding, "How a Salvadoran came to America," January 28, 2008. 〈http://www.assistnews.net/stories/2008/s08010207.htm〉
8) Erwin McManus, The Artisan Soul: Crafting Your Life into a Work of Art, (New York: HarperOne, 2014).

모델3 퀘스트교회 Quest Church

1) Howard Snyder, 참으로 해방된 교회(Liberating the Church), 권영석 역, (서울: IVP, 2009), 32
2) N. T. Wright, 마침내 드러난 하나님 나라(Surprisd by Hope), 양혜원 역, (서울, IVP, 2009), 318, 325.
3) Joely Johnson Mork, "Coming together for the Kingdom" in Faith and Leadership, Duke Divinity, 2014. 8.12. 〈http://www.faithandleadership.com/features/articles/coming-together-for-the-kingdom〉
4) Q까페는 현재 교회 이전으로 문을 닫은 상태다. 유진 조 목사는 새로운 사역으로 지역 주민과 소통할 것이라고 말했다.
5) Harvie M. Conn & Mannel Ortiz, Urban Ministry, (Downers Grove, IL:Intervarsity Press,2001), 412. 하비 콘과 매누엘 오르티즈는 토착리더십이 간과되는 경향이 많다고 지적한다.

모델4 드림센터 Dream Center

1) 드림센터의 역사와 사역 분석은 다음의 자료에 기반을 두고 문서연구와 내용분석을 하였다. Mathew Barnett, The Church that Never Sleeps. Nashville, TN: Thomas Nelson Publishers, 2000. The Cause within You. Carol Stream, IL: Tyndale, 2011. Dream Center Homepage. 〈www.dreamcenter.org〉. 기타 online 인터뷰 자료. 현장연구를 위해서는 참여자 관찰과 인터뷰 방법을 사용하였다.
2) Craig von Buseck, "Making Dream Come True in L.A." CBN.com. Interview with Matthew Barnett.
3) Robert Crosby, "A Dream of a Center: A Model for Faith-based Organizations" in Christianity Today. 2011. 8. 15. 〈http://www.christianitytoday.com/ct/2011/august/dreamcenter.html〉

4) Eddie Gibbs, LeadershipNext: Changing Leaders in a Changing Culture, (Downers Grove, IL: IVP Book, 2005), 37-46 참조.
5) Elmer Towns and Ed Stetzer, 11 Innovations in the Local Church, (Ventura, CA: Regal Books, 2007), 136. See, William G. McLoughlin, "Revivalism," in Edwin Scott Gaustad, ed, The Rise of Adventism (New York: Harper and Row, 1974), 132.
6) Donald E. Miller & Tetsunao Yamamori, 왜 섬기는 교회에 세계가 열광하는가?(Global Pentecostalism: The New Face of Christian Social Engagement), 김성건, 정종현 역, (서울: 교회성장연구소, 2008), 155.
7) J. Moltmann, 하나님 나라의 지평 안에 있는 사회선교, 정종훈 역, (서울: 대한기독교서회, 2000), 26.

모델5 오스틴 스톤 커뮤니티교회 Austin Stone Community Church

1) Dietrich Bonhoeffer, Letters & Papers from Prison, (New York: Touchstone, 1997), 382.
2) Eddie Gibbs, 넥스트처치(Next Church), 임신희 역, (서울: 교회성장연구소, 2003), 69.
3) 오스틴 스톤 커뮤니티 교회의 역사와 사역은 Matt Carter가 지은 다음의 저서를 저자의 허락 하에 사용했다. Darrin Patrick & Matt Carter, For the City: Proclaiming and Living Out the Gospel, (Grand Rapids, MI: Zondervan, 2010).
4) 오스틴 스톤은 현재 Downtown, St. John, South, West, North 등 5개의 캠퍼스로 구성되어 있다.
5) 레지던시는 대학을 막 졸업한 졸업생들을 위한 Austin Stone Residencies프로그램과 비지니스와 비영리 단체와 도시 사역을 준비하기 위한 'LAUNCH' 프로그램으로 나뉘어 진행되고 있다. 교육 프로그램에 대한 자세한 내용은 <http://www.austinstoneinstitute.org/>를 참조하라.
6) Lesslie Newbign, 다원주의사회에서의 복음, (서울: IVP, 1998), 59.
7) 함께한 단체들은 다음과 같다: Communities In Schools, Capital Area Food Bank, Caring Faminy Network, Austin Life Guard.
8) Verge Network의 사역과 내용에 대해서는 다음의 홈페이지를 참조하라. <http://www.vergenetwork.org/>
9) Wilbert Shenk, Write the Vision: The Church Renewed, (Eugene, OR: Wipf and Stock Publishers, 2001), 87. 쉥크는 교회가 지녀야 할 선교적 정체성을 내적 선교의식(inward mission consciousness)과 외적 선교의식(outward mission consciousness)으로 나누어 설명했다. 즉 하나님과의 깊은 관계를 통해 형성된 성도들의 내적 선교적 의식은 자연스럽게 외적인 사역으로 연결된다.
10) Aand Roxburgh, "Missional Leadership," Missional Church, Darrel Guder ed, (Grand Rapids, MI: Wm. B. Eerdmans, 2008), 214
11) 성경은 하나님께서 개입하시고 역사하신 이야기를 통해 백성의 상상력을 확장시키셨음을 보여주는 가장 명확한 근거이다. 이스라엘 백성들이 포로 생활 중에서도 내러티브(이야기)를 붙잡고 희망의 비전을 꿈꿀 수 있었던 것처럼, 스토리는 상상력을 자극하고 더 큰 비전을 꿈꾸게 한다. 참조: J. Richard Middleton & Brian Walsh, 포스트모던 시대의 기독교 세계관(Truth is Stranger Than It Used to Be), 김기현, 신광은 역, (서울: 살림, 2007), 175-217. 5장을 참조하라.
12) Hans Kung, 교회란 무엇인가? 신정판, 이홍근 역, (경북: 분도출판사, 1994), 121

모델6 리얼리티 LA교회 Reality LA in Hollywood

1) 윌로우크릭 교회(Willow Creek Community Church)의 담임목사인 빌 하이벨스(Bill Hybells)는 이미 10여년 전 자신의 교회를 분석한 결과 과거 10년간 성도들의 평균연령대가 10년 늘었다고 밝혔다. 교회가 노쇠해지고 있는 현실을 직시하고 대처해야 한다고 그는 역설했다. Willow Creek Defining Moments.
2) Reality LA는 Reality Family of Churches에 가입된 독립교회이다. 그 모체는 2003년 캘리포니아의 산타바바라(Santa Barbara)에서 시작되었고 Britt Merrick의 리더십 아래에서 로스엔젤레스(Los Angeles), 스톡튼(Stockton), 런던(London), 샌프란시스코(San Francisco), 보스톤(Boston) 지역에 교회가 설립되어 가족교회로서 서로를 지원하고 협력하는 형태로 성장하고 있다.
3) Robert E. Webber, 젊은 복음주의자를 말하다, 342.
4) Robert E. Webber, 젊은 복음주의자를 말하다, 343.
5) Jonathan R. Wilson, Why Church Matters: Worship, Ministry, and Mission in Practice, (Grand Rapids, MI: Brazons Press, 2006), 35.
6) Robert E. Webber, 예배가 보인다 감동을 누린다(Blended Worship), 김세광 역, (서울: 예영, 2004). 31

모델7 소마 공동체 SOMA Community

1) 미국장로교(PCUSA), 미연합감리교(UMC), 미국침례교(American Baptist Churches in the USA), 미국 성공회, RCA, 연합그리스도교회(UCC), 루터교회(ELCA) 등의 교회가 속해 있다.
2) 미국의 경우 주일 예배에 참석하는 성도들 가운데 10명 중 1명은 2000명 이상이 모이는 대형교회에 출석을 하고 있으며 그러한 현상은 더 강화되는 추세이다. "美 기독교, 복음주의·대형교회 성장 두드러져" 크리스천투데이. 2013. 2. 24. 〈http://www.christiantoday.co.kr/view.htm?id=261579〉
3) Jim Belcher, 깊이 있는 교회(Deep Church), 전의우 역, (서울: 포이에마, 2011), 34-35.
4) Robert E. Webber, 젊은 복음주의자를 말하다(The Younger Evangelicals), (서울: 조이, 2010). 젊은 복음주의자들은 빌리 그래함으로 대변되는 '전통적 복음주의자'(1950-1975)와 빌 하이벨스와 릭 워렌의 '실용적 복음주의자'(1975-2000) 세대 이후 발생한 후기 기독교 시대(post-christian ear)를 살아가는 새로운 복음주의자들을 지칭한다.
5) 이러한 그룹을 지칭하는 용어로는 "clusters, house church, home church, mission-shaped community, mid-sized community(MSC), villages, call-out ministries, pastorates, neighborhood communites, missiona community hubs, canbas groups" 등 다양하며, 각기 독특한 특성을 지니고 있다. Mike Breen & Alex Absalom, Launching Missional Communities, (3DM, Kindle Edition, 2010), Kindle Location 390.
6) 미국 내에서 기성 교회가 아닌 가정 교회 형태의 예배에 참석하는 사람의 수는 매년 급증하고 있다. 이미 2001년의 자료에 의하면 그 수가 최소 6백만에서 12백만 명에 이른다는 보고가 있다. Wolfgang Simson, House That Change the World, (Authetic, 2001). 바나그룹(Barna Group)의 조사에 따르면 2003년 1600개에서 2009년 30,000개 이상의 가정교회로 급증되었다. 〈http://standupforthetruth.com/2013/01/church-at-home-why-the-house-church-movement-is-

growing/〉
7) 내용의 이해를 위해 의역과 보충 설명을 더했다.
8) 이들은 이러한 순종적 삶의 자세를 W3로 명한다.
9) Frank Viola, 다시 그려보는 교회(Reimaging Church), 이남하 역, (대전: 대장간, 2013), 64-65.
10) 모든 Expression들은 지역과 선교적 공동체들의 상황과 특성에 맞춰 자율성을 가지기 때문에 하나의 정형화된 패턴으로 묘사하기는 쉽지 않다.
11) 소마 공동체의 구조를 필자가 그림으로 재구성하여 본 것이다.
12) Charles Van Engen, 하나님의 선교적교회(God's Missionary People), 임윤택 역, (서울: CLC, 2014), 255-256.
13) Paul Stevens, The Other Six Days, (Grand Rapids, Eerdmans, 2000).
14) David Watson, I believe in the Church, (Grand Rapids, Eerdmans, 1979), 248-250.

모델8 락하버교회 Rock Harbor Church

1) Michael Frost & Alan Hirsch, The Shaping of Things to Come: Innovation and Mission for the 21st-centuryChurch, (Peabody, MA, Hendrickson Publishers, Inc, 2003), 18-28.
2) Dan Kimball, They like Jesus but not the Church: Insights from Emerging Generations, (Grand Rapids, MI: Zondervan, 2007).
3) Robert E. Webber, The Younger Evangelicals, (Grand Rapids, MI: Baker Books, 2002), 13-14장을 참조하라. 웨버는 젊은 복음주의자들은 은유적 언어를 선호하며 예술, 의례와 상징 등을 통해 소통과 상호작용을 한다고 말하면서 예술적 사역의 중요성을 강조하였다. p. 215-216.
4) Mike Breen & Alex Absalom, Launching Missional Communities. Kindle Locations. 354-360.
5) 옥한흠, 이것이 목회의 본질이다. (서울: 국제제자훈련원, 2004). 6-7.
6) 이상훈, "선교적 리더십(Missional Leadership)" 워십리더. 12(2013. 8):42-45. 조직의 리더십 문화를 변화시키는 이론을 위해서는 다음의 책을 참조하라. C. Otto Scharme, Theory U: Leading from the Future as It Emerges (San Francisco, Berrett-Koehler Publishers, Inc., 2009).
7) Eddi Gibbs, Leadership Next: Changing Leaders in a Changing Culture. (Downers Grove, IL: IVP Books, 2005). 126.
8) 뉴비긴은 "세상을 향해 그리스도의 대사로서의 역할을 실제로 수행하지 않으면, '하나님의 왕 같은 제사장'이라는 호칭도 잃어버릴 수 밖에 없다."고 말한다. Lesslie Newbigin, 교회란 무엇인가?(The Household of God). (서울: IVP, 2010). 175.

모델9 LA뉴시티교회 New City Church of LA

1) Jurgen Moltmann, "도시는 희망의 장소인가?"("IST DIE STADT EIN ORT DER HOFFNUNG?"), 2014. 5. 13. 장로회신학대학교15회 국제학술대회 발제문. 1.
2) 2011년 유엔 조사에 기초한 전망이다. 보다 자세한 내용은 〈http://esa.un.org/unup/〉을 참조하라.

3) Harvey Cox, 세속도시(The Secular City), 신판, 구덕관 외 역, (서울: 대한기독교서회, 1993), 121.
4) 위의 책, 48.
5) Peter L. Berger, The Desecularization of the World: Resurgent Religion and World Politics, (Grand Rapids, MI: William B. Eerdmans Pub. Co., 1999), 2-3.
6) 장열, "다운타운 노숙자 존 '오병이어 기적'" LA중앙일보. 2012. 9. 24. 〈http://www.koreadaily.com/news/read.asp?art_id=1491477〉
7) 기술된 이야기의 구체적인 내용은 Kevin Haah가 작성한 "My Church Planting Story"에 담겨 있다. 저자의 허락을 받아 기술하였다. 보다 자세한 내용은 Mark Lau Branson에 의해 출판될 Starting Missional Churches: Life with God in the Neighborhood를 보라.
8) Na Sung Celebration Church는 나성영락교회가 설립한 영어 목회를 위한 2세 교회이다.
9) Donald A. McGavran, Understanding Church Growth, (Grand Rapids: William B. Eerdmans Pub. Co., 1980), 223-244.
10) 정부에서 저소득층의 식료품 구입 보조를 위해 지급하는 쿠폰이나 카드.
11) 교회는 이 사역의 자발성을 극대화하기 위해 10주 단위로 운영을 하고 약간의 방학 기간을 갖는다. 이때 각 그룹은 자신의 그룹에 대해 홍보를 하고 교회는 성도들이 소그룹에 참여할 수 있도록 격려를 한다. 1년에 4번은 홍보를 하는 셈이다. 또 이 기간에 성도들이 원할 경우 다른 그룹으로 옮겨갈 수도 있다. 그러나 대게는 자신의 그룹에 남아 공동체를 섬기는 것이 일반적이다.
12) 노숙자(홈리스)들이 밀집되어 있는 다운타운 내 약 50블락을 일컫는 명칭이다.
13) Edward Glaeser, Triumph of the City, (New York: Penguin, 2011), 9.
14) 알 발스(Al Barth)는 현대의 도시는 마치 도피성과 같이 영적인 탐색과 추구를 하는 곳이라고 주장한다. Al Barth, "A Vision for Our Cities." 〈http://qideas.org/articles/a-vision-for-our-cities/〉 (2014. 6. 17. 검색)
15) 락스버거(Alan Roxburgh)는 리더의 최우선적 소명은 하나님의 미래가 그들 가운데 있다는 확신을 육성하고 그러한 백성들을 양성하는 것이라고 말한다. Alan Roxburgh, The Missional Leader, (San Francisco, CA: Jossey-Bass, 2006), 145-146.

모델10 뉴송교회 Newsong Church

1) Darrel L. Guder, The Continuing Conversion of the Church, (Grand Rapids, MI: W. B. Eerdmans Pub., 2000).
2) Otto Scharmer의 이론에 따르면 조직의 본질적 변화를 위해 최우선적으로 요구되는 단계가 바로 일상의 일들을 중지(suspending)하는 것이다. 조직의 많은 일상적 일들은 가치와 목적이 아닌 습관과 관습에 의해 무비판적으로 수행되기가 쉽기 때문이다. C. Otter Scharmer, Theory U, (San Francisco: BK, 2009).

결론

1) Miroslav Volf , 광장에 선 기독교(A Public Faith), (서울: IVP, 2014), 26-27.
2) Todd Hudnall, Church, Come Forth, (Bloomiington, IN: CroosBooks, 2014), 4.
3) Michael Frost & Alan Hirsch, The Shaping of Things to Come, (Peabody, MA: Hendrickson), 41-42.

참고문헌

옥한흠. 이것이 목회의 본질이다. 서울: 국제제자훈련원, 2004.
이상훈. "선교적 리더십(Missional Leadership)." 워십리더. 12:8 (2013): 42-45.
장열. "다운타운 노숙자 촌 '오병이어 기적'" LA중앙일보. 2012. 9. 24. <http://www.koreadaily.com/news/read.asp?art_id=1491477>
주디한, "미, 복음주의 대형교회 성장 두드러져." 크리스천투데이. 2013. 2. 24. <http://www.christiantoday.co.kr/view.htm?id=261579>
최윤식. 2020-2040 한국교회 미래지도. 서울: 생명의말씀사, 2013.

Belcher, Jim. 전의우 역. 깊이 있는 교회(Deep Church). 서울: 포이에마, 2011.
Bonhoeffer, Dietrich. 정지련, 손규태 역. 신도의 공동생활. 서울: 대한기독교서회, 2010.
Collins, James C. & Jerry I. Porras. 성공하는 기업의 8가지 습관(Built to Last). 서울: 김영사, 2002.
Cox, Harvey. 구덕관 외 역. 세속도시(The Secular City). 신판. 서울: 대한기독교서회, 1993.
Gibbs, Eddie. 임신희 역. 넥스트처치(NextChurch). 서울: 교회성장연구소, 2003.
Goheen, Michael W. 박성업 역. 열방에 빛을(A Light to the Nations). 서울: 복 있는 사람, 2012.
Kraybil, Donald B. 김기철 역. 예수가 바라본 하나님 나라(The Upside-Down Kingdom). 서울: 복 있는사람, 2010.
Kung, Hans. 이홍근 역. 교회란 무엇인가?(Was ist Kirche?). 경북: 분도출판사, 1994.
McManus, Erwin Raphael. 홍종락 역. 코뿔소교회가 온다((The)barbarian way). 서울: 두란노, 2004.
Middleton, J. Richard & Brian Walsh. 김기현, 신광은 역. 포스트모던 시대의 기독교 세계관(Truth is Stranger Than It Used to Be). 서울: 살림, 2007.
Miller, Donald E. & Tetsunao Yamamori. 김성건, 정종현 역. 왜 섬기는 교회에 세계가 열광하는가?(Global Pentecostalism: The New Face of Christian Social Engagement). 서울: 교회성장연구소, 2008.
Moltmann, Jurgen. 정종훈 역. 하나님 나라의 지평 안에 있는 사회선교(Diakonie im Horizont des Reiches Gottes). 서울: 대한기독교서회, 2000.
_____. "도시는 희망의 장소인가?"(Die Stadt als Ort der Hoffnung?). 2014. 5. 13. 장로회신학대학교15회 국제학술대회 발제문.
Newbigin, Lesslie. 홍병룡 역. 다원주의 사회에서의 복음(The Gospel in a Pluralist Society). 서울: IVP, 1998.
_____. 홍병룡 역. 교회란 무엇인가?(The Household of God). 서울: IVP, 2010.
Snyder, Howard A. 최형근 역. 교회 DNA(The Decoding the Church). 서울: IVP, 2006.
_____. 권영석 역. 참으로 해방된 교회(Liberating the Church). 서울: IVP, 2009.
Sweet, Leonard. 이지혜 역. 교회 스타벅스에 가다(The Gospel According to Starbuck). 서울: 국제제자훈련원, 2009.
Toffler, Alvin & Heidi Toffler. 김중웅 역. 부의 미래(Revolutionary Wealth). 서울: 청림, 2006.
Van Engen, Charles. 임윤택 역. 하나님의 선교적교회(God's Missionary People). 서울: CLC, 2014.

Viola, Frank. 이남하 역. 다시 그려보는 교회(Reimaging Church). 대전: 대장간, 2013.
Weber, Robert E. 김세광 역. 예배가 보인다 감동을 누린다(Blended Worship). 서울: 예영, 2004.
_____.이윤복 역. 젊은 복음주의자를 말하다(The Younger Evangelicals). 서울: 죠이선교회, 2010.
Wright, N. T. 박문재 역. 예수와 하나님의 승리(Jesus and the Victory of God). 서울: 크리스천다이제스트, 2004.
_____. 양혜원 역. 마침내 드러난 하나님 나라(Surprisd by Hope). 서울: IVP, 2009.

Barna Group. "Church At Home: Why the 'House Church Movement' is Growing." 〈http://standupforthetruth.com/2013/01/church-at-home-why-the-house-church-movement-is-growing/.〉
Barna Group. "How Many People Really Attend a House Church?" 〈Barna.org〉. 2009. 8. 31.
Barnett, Mathew. The Church that Never Sleeps. Nashville, TN: Thomas Nelson Publishers, 2000.
_____. The Cause within You. Carol Stream, IL: Tyndale, 2011.
Barth, Al. "A Vision for Our Cities." 〈http://qideas.org/articles/a-vision-for-our-cities.〉
Berger, Peter L. The Desecularization of the World: Resurgent Religion and World Politics. Grand Rapids, MI: William B. Eerdmans Pub. Co., 1999.
Bonhoeffer, Dietrich. The Cost of Discipleship. New York: Macmillan, 1959.
_____.Letters & Papers from Prison. New York: Touchstone, 1997.
Boren, M. Scott. Missional Small Group: Becoming a Community that Makes a Difference in the World. Grand Rapids, MI: Baker Books, 2010.
Breen, Mike & Absalom, Alex. Launching Missional Communities. 3DM. Kindle Edition, 2010.
Conn, Harvie M. & Manuel Ortiz. Urban Ministry. Downers Grove, IL: InterVarsity Press, 2001.
Crosby, Robert. "A Dream of a Center: A Model for Faith-based Organizations" in Christianity Today. 2011. 8. 15. 〈http://www.christianitytoday.com/ct/2011/august/dreamcenter.html.〉
Crosby, Robert. C. The Teaming Church: Ministry in the Age of Collaboration. Nashville,TN: Abingdon Press, 2010.
Dyrness, William. A Primer on Christian Worship. Grand Rapids, MI: Eerdmans, 2009.
Frost, Michael. The Road to Missional. Grand Rapids, MI: Baker Books, 2011.
Frost, Michael & Alan Hirsch. The Shaping of Things to Come: Innovation and Mission for the 21st-centuryChurch. Peabody, MA: Hendrickson Publishers, Inc., 2003.
Gibbons, Dave. Xealots: Defining the Gravity of Normality. Grand Rapids, MI: Zondervan, 2011.
_____. The Monkey and the Fish: Liquid Leadership for a Third-Culture Church. Grand Rapids, MI: Zondervan, 2009.
Gibbs, Eddie. LeadershipNext: Changing Leaders in a Changing Culture. Downers Grove, IL: IVP Books, 2005.
Giddens, Anthony. The Consequences of Modernity. Cambridge: Polity, 1990.
Glaeser, Edward. Triumph of the City. New York: Penguin, 2011.

Greene, Colin & Martin Robinson. Metavista: Bible, Church and Mission in an Age of Imagination. Colorado Springs, CO: Authentic, 2008.

Green, Michael. Evangelism in the Early Church. rev. ed. Grand Rapids, Eerdmans, 2003

Guder, Darrel L. The Continuing Conversion of the Church. Grand Rapids, MI: W. B. Eerdmans, 2000.

Hiebert, Paul G. Anthropological Insights for Missionaries. Grand Rapids: Baker Book House, 1985.

Kang, K. Connie. "As Downtown Revives, So Do Congregations" LA Times, 2008. 3. 15.

Keller, Timothy. Ceter Church. Grand Rapids, MI: Zondervan, 2012.

Kimball, Dan. They like Jesus but not the Church: Insights from Emerging Generations. Grand Rapids, MI: Zondervan, 2007.

Kreider, Alan & Eleanor Kreider. Worship and Mission after Christendom. Harrisonburg, VA: Herald Press, 2011.

McGavran, Donald A. Understanding Church Growth. Grand Rapids, MI: William B. Eerdmans, 1980.

McKnight, Scot. Kingdom Conspiracy: Returning to the Radical Mission of the Local Church. Grand Rapids, MI: Brazos Press, 2014.

McLoughlin, William G. "Revivalism," in Edwin Scott Gaustad, ed, The Rise of Adventism. New York: Harper and Row, 1974.

McManus, Erwin. "Crave: The Documentary."in Power to Change. <http://powertochange.com/itv/spirituality/crave-the-documentary/>

_____. The Artisan Soul: Crafting Your Life into a Work of Art. New York: HarperOne, 2014.

McNeal, Reggie. Missional Communities. San Francisco, Jossey-Bass, 2011.

Mike Breen & Alex Absalom. Launching Missional Communities. Kindle Locations.

Miller, C. John. Outgrowing the Ingrown Church. Grand Rapids, MI: 1986.

Mork, Joely Johnson. "Coming together for the Kingdom" in Faith and Leadership, Duke Divinity, 2014. 8. 12. <http://www.faithandleadership.com/features/articles/coming-together-for-the-kingdom.>

Patrick, Darrin & Matt Carter. For the City: Proclaiming and Living Out the Gospel. Grand Rapids, MI: Zondervan, 2010.

Peterson, Eugene H. Leap over a Wall: Earthy Spirituality for Everyday Christians. San Francisco: HarperSanFrancisco, 1997.

Roberts Jr., Bob. Transformation. Grand Rapids, MI: Zondervan, 2006.

Roxburgh, Alan J. The Sky is Falling: Leaders lost in Transition. Eagle, ID: ACI Publishing, 2005.

_____. The Missional Leader. San Francisco, CA: Jossey-Bass, 2006.

_____. "Missional Leadership" in Missional Church. Darrel Guder ed. Grand Rapids, MI: Wm. B. Eerdmans, 2008.

Scharmer, C. Otto. Theory U: Leading from the Future as It Emerges. San Francisco, Berrett-

Koehler Publishers, Inc., 2009.

Shenk, Wilbert. Write the Vision: The Church Renewed. Eugene. OR: Wipf and Stock Publishers, 2001.

Simson, Wolfgang. House That Change the World. Authetic, 2001.

Stetzer, Ed. "2013's Top Ranked Churches in America," ChurchRelevance.com, <http://churchrelevance.com/resources/top-churches-in-america/>

Stevens, Paul. The Other Six Days. Grand Rapids, Eerdmans, 2000.

Stoesz, Edgar. Developing Monograph Series 1: Thoughts on Developmen. rev. ed. Akron, PA: Mennonite Central Committee, 1977.

Towns, Elmer & Ed Stetzer. 11 Innovations in the Local Church. Ventura, CA: Regal Books, 2007.

Von Buseck, Craig. "Making Dream Come True in L.A." CBN.com. <http://www.cbn.com/spirituallife/ChurchAndMinistry/Clergy/vonBuseck_Barnett_DreamCenter05.aspx>

Watson, David. I believe in the Church. Grand Rapids, Eerdmans, 1979.

Webber, Robert E. The Younger Evangelicals. Grand Rapids, MI: Baker Books, 2002.

Wilson, Jonathan R. Why Church Matters: Worship, Ministry, and Mission in Practice. Grand Rapids, MI: Brazons Press, 2006.

Wooding, Dan. "How a Salvadoran came to America," 2008. 1. 28. <http://www.assistnews.net/stories/2008/s08010207.htm.>

RE FORM CHURCH

초판 1쇄 발행	2015년 10월 15일
7쇄 발행	2019년 12월 05일

지은이	이상훈
발행인	이영훈
편집인	김형근
편집장	박인순
기획·편집	강지은
표지디자인	김미나
내지디자인	김한희

펴낸곳	교회성장연구소
등 록	제 12-177호
주 소	서울특별시 영등포구 여의공원로 101 CCMM빌딩 7층 703B호
전 화	02-2036-7928(편집팀)
팩 스	02-2036-7910
쇼핑몰	www.icgbooks.net
홈페이지	www.pastor21.net
페이스북	www.facebook.com/pastor21

ISBN | 978-89-8304-246-0 03230
ISBN | 978-89-8304-267-5 03230 (세트)

*값은 뒤표지에 있습니다.
*잘못된 책은 구입하신 서점에서 교환해드립니다.
*이 책 내용의 일부를 사용하려면 반드시 저작권자와 교회성장연구소 양측의 서면동의를 받아야 합니다.

"무슨 일을 하든지 마음을 다하여 주께 하듯 하라" (골 3:23)

교회성장연구소는 한국 모든 교회가 건강한 교회성장을 이루어 하나님 나라에 영광을 돌리는 일꾼으로 성장하는 것을 목표로, 목회자의 사역은 물론 성도들의 영적 성장을 도울 수 있는 필독서들을 출간하고 있다. 주를 섬기는 사명감을 바탕으로 모든 사역의 시작과 끝을 기도로 임하며 사람 중심이 아닌 하나님 중심으로 경영한다. "무슨 일을 하든지 마음을 다하여 주께 하듯 하라"는 말씀을 늘 마음에 새겨 하나님께서 주신 사명을 기쁨으로 감당한다.